はじめに

あなたが、あなたらしく、人生を選択していくために

今夜の月は、どんなかたちをしているでしょうか。

輝くような満月？

それとも小さく光る三日月でしょうか？

月は、新月から、三日月、上弦の月、そして満月、下弦の月……というように、そのかたちを毎日変えて、私たちを照らしています。

そう、月にはリズムがあるのです。

新月から満月、そして、また新月へ変わっていく、そのリズムの中で、私たちは、月からのメッセージを受け取ることができます。

そのメッセージとは何か。それをどう受け取り、どう解釈するのか。

この本では、そのことを、お伝えしたいと思っています。

あなたが生まれたとき、月はどんなかたちをしていたでしょうか。三日月だったのか、半月だったのか。三日月でも、満月を迎える前と、満月のあとの三日月では、そこから来るメッセージは別のものになります。

あなたの生まれた日の月がどんなかたちだったかを知ることで、自分の感情の起伏《きふく》、考え方や行動のクセ、性分の意味が、わかってしまうのです。

満月だからいいとか、新月だから悪い、ということはありません。月のリズムを知って、そのメッセージを聞くことは、「あなたは○○だ」と評価されたり、診断されたりするようなものではないのです。

「だからダメなんだ」と落ち込む必要もないかわりに、「何をやっても大丈夫なんだ」と安心もできない。でも、その情報を活用することはできます。

私は、アストロロジャー（見えない気を解《と》く者）として、星の教えを、それこそ数え切れない人たちにお伝えしてきました。

「占いは天気予報と同じ。知らないよりは知っておいたほうがいい情報であり、先人の知恵」というスタンスで、星が、あなたにどのような影響を与えるかということを視《み》て、アドバイスしてきました。

そして、じつは、あなたに、もっとも影響を与える星が、月といっても過言ではありません。

月のリズムを知ることで、運気の波に乗り、チャンスをつかむことができます。

それを知り、日常に活かして、自分が経営する会社の業績を、驚くような速さで急成長させた人もいます。恋を成就させて、運命のパートナーとの出会いを果たした人もいます。

いま、あなたが欲しいものは何ですか？

それを手に入れるには、どうすればいいか。

さあ、月に導いてもらいながら、自分のリズムを展開させていきましょう。

contents
◉ 目次

月のかたちに込められたパワー
――月相からわかる基本性格　28

あなたの「月サイクル」　40

「月サイクル」が教えてくれる人生のテーマ　42

第2のリズム　星の教え

第5のリズム　星の移動

第6のリズム　月の力を借りる

第7のリズム　気の流れに乗る

第8のリズム　月とライフロジック

おわりに

月のリズム

ポケット版

生まれた日の「月のかたち」で運命が変わる

この本は、2014年1月1日の新月に出版された
『月のリズム　Guidebook for Moon Calendar』
のポケット版として、加筆したものです。
ポケット版の名の通り、より手元に置きやすく、
使いやすく再編集いたしました。

プロローグ

月が教えてくれること

月のサイクルと、そのかたち

月が天球上を動く道筋を「白道《はくどう》」といい、月は、約28日（27・32日）かけて地球を一周します。

これに対して、月の満ち欠けの周期は、29・53日になります。これは新月（朔《さく》）から始まって、再び新月（朔）を迎えるまでの時間です。

一般に「月相《げっそう》」と呼ばれるものは、月の公転によって月面の輝いている部分が変化する様子のことで、月と太陽の角度で決まります。

また、月の満ち欠けの周期は「月齢《げつれい》」と呼ばれ、新月（朔）の瞬間からの経過時間を表したものです。

新月を始まりとしたなら、次の新月へと満ちては欠けてと、月は刻々と動いています。

そのサイクルを一つの人生、生きるリズムとしたなら、生まれてから死んで、そしてまた生まれて死ぬ。それは気持ちの再生でもあって、そうして私たちは自身の天寿を全《まっと》うするまで、月の満ち欠けと共に心新《あら》たにあらためて生まれ変わり、成長していくといえます。

それと同時に、新月から次の新月へと約28日間で変わりゆく8つの月を一つのサイクルとして、その月の満ち欠けを生まれてから死んでゆく人間の一生のサイクルとしたなら、生まれたときの月のかたちが意味する事象は、そのままあなた自身の感情の起伏のあり方とリンクします。

私は、この8つの月に名前をつけました。

新月の「清香月《きよかづき》」から始まって、三日月の「若兎月《わかうさぎ》」、上弦の月の「聖海月《きよみ》」、十三夜の「蒼華月《そうか》」、満月の「情熱月《じょうねつ》」、それに続く「銀波月《ぎんぱ》」、下弦の月の「古代月《こだい》」、新月直前の「神香月《かみか》」の8つです。

8つのそれぞれの月については、あとで詳《くわ》しく見ていきましょう。

月相と月齢の違い

月のかたちを表すときに、「月相」といったり、「月齢」といったりします。同じ意味だと思っている人も多いかもしれませんが、「月相」は月のかたちをいい、「月齢」は月の動き（経過時間）を表します。

月相の「相」は、人相や手相や家相の「相」と同じというとわかりやすいかもしれません。でも、そうだとすると、悪い人相や手相があるように、「月相」にもいい悪いがあるかというと、そんなことはありません。

「知らないよりは知っておいたほうがよい情報」というのは、占いだけでなく、すべてのことにあてはまると思いますが、月相から、どういう情報を集められるかということが大切なのです。「情報」は、「メッセージ」と置き換えてもいいでしょう。

月の満ち欠けは、太陽と月との位置関係によって、私たちには、「そう見えている」という現象です。

たとえば新月は、月に太陽が重なることで、私たちからは月が見えなくなります。けれども、それは、見えない力となって私たちを照らしています。

それに対して満月は、月と太陽が対極（180度）にあり、月の本来のかたちが、私たちの前に現れるわけです。月の光を、太陽が全面的にサポートしている状態で、この世に存在するすべてのものを明るく照らし、私たちに進むべき道を教えてくれます。

月の周期で生きるということは、1年間の12ヵ月で約12回再生するともいえるのです。

ところで月の公転周期は、約28日であるのに対して1ヵ月は30〜31日です。そのため、1ヵ月に満月や新月が2度あるときもあります。

リズムを予測する

月は約28日間で誕生から天寿を全うし、また心新たにあらためて、生まれて死んでいく。その周期を知ることで、あなたがこれからやろうとすること、あるいは人生全般の、始動から終結までのリズムを予測することができます。

たとえば、なにげなく月を見たときに、それが三日月だとして、だけどその三日月は、新月から満月へと向かう上弦の三日月なのか、満月から新月へと向かう下弦の三日月なのか。「新月」を「誕生」と視て、「満月」を「壮年期の満ちるとき」として、そこから次の新月に向かって老いていく。その先で、また次のサイクルが始まるといったように、月の満ち欠けを人の生命と重ねてみることで、人生の栄枯盛衰《えいこせいすい》を感じることができます。

第1のリズム

自分の月相を知る

生まれたときの「月のかたち」
——月相を調べる

古くから、月は神秘的なパワーを持つと考えられていました。潮の満ち引きや女性の身体のサイクルなど、目には見えなくても、月のパワーは確かに私たちに影響を与えているのです。

ここでは、あなたの「気」持ちに宿る「生まれたときの月のかたちに込められたパワー」について、紹介したいと思います。

あなたは、いつ生まれましたか？

その日、月はどんなかたちをしていたでしょうか。

あなたが生まれた日、月がどのかたちであったかによって、あなたの心——「気」の持ち方に、ある「特徴」「質」というものが宿ります。

たとえば、新月直前の「神香月」に生まれたならば、幼少の頃から達観しているかのような心の状態で、感情の起伏は「冷静沈着」。何人かで集まったようなときに、「この人がいると、なんとなく落ち着く」という人がいませんか。その人こそ、神香月生まれです。

その対極にある満月に向かう三日月の「若兎月」に生まれたならば、「天真爛漫《てんしんらんまん》」。たとえ80歳になっても、無邪気《むじゃき》な心を失うことはありません。それだけ若々しいとも言えるし、人によっては「軽い」と感じるかもしれません。

どの月のかたちに生まれたから運が強いとか、弱いといったことではなく、自分の一生を通して、「自分自身の心の状態、感情の起伏のあり方」を知るための、有効な情報ツールの一つとなり得ます。

自分が、月のサイクルの、どのところで生まれているかで、その人の基本的な「気」持ちが見えてきます。

あなたの生まれたときの月のかたち（月相）を調べてみましょう。あなたは何月生まれでしょうか。

❖――生まれたときの「月のかたち」を調べる

①まず本書25～27頁の「新月表」で、自分の誕生日の直前の新月の日付をチェックします。

②月サイクル図（24頁）の0のところに、①で調べた新月の日を書き込み、そこから左まわりに自分の誕生日までの日付を記入していきます。

③自分の誕生日の入っているゾーンが、あなたが生まれたときの「月のかたち」になります。

例……1975年8月5日に生まれた人の場合

「新月表」を見ると、直前の新月は7月9日になります。月サイクル図の0の部分に7月9日と書き、左まわりに書き込んでいくと、8月5日は27番めになります。27番めは「神香月」の生まれであることがわかります。

◎生まれたときの「月のかたち」を調べる

① 「新月表」（P25-27）で、自分の誕生日の直前の新月の日付を確認します。
② 月サイクル図の0のところに、①で調べた新月の日を書き込み、そこから左回りに自分の誕生日までの日付を記入していきます。
③ 自分の誕生日の入っているゾーンが、あなたが生まれたときの「月のかたち」になります。

◎月サイクルの出し方

まず自分の誕生日の外側の丸に0と書き込みます。これは0歳ということで、ここから月サイクルがスタートします。

30歳未満の人は、0歳から数え始めて現在の年齢になったゾーンが、いまの「月サイクル」になります。30歳以上の人は、0歳のところを30歳に、60歳以上の人は0歳のところを60歳に置き換えて数えていくと現在の「月サイクル」が早くわかります。

※月サイクルは30年周期なので、30歳、60歳、90歳のときに再び自分の生まれた月に戻ってくることになります。

［記入例］

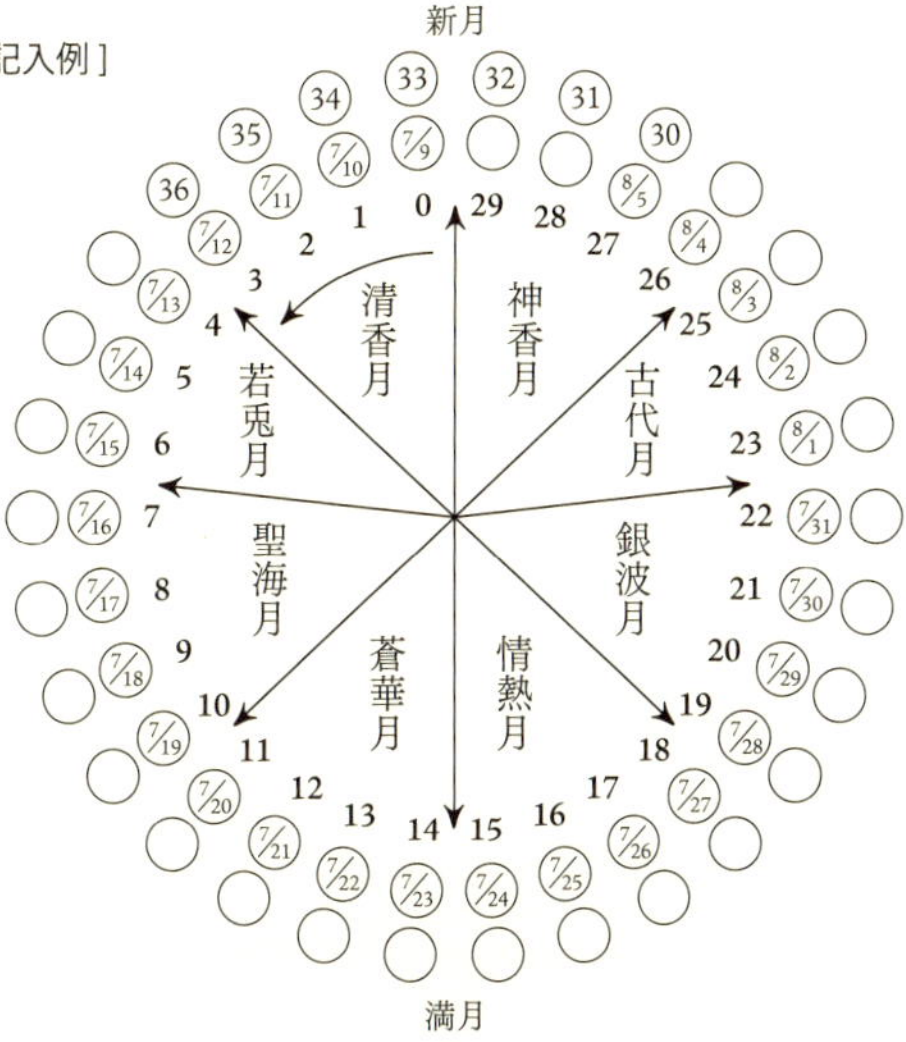

◎月サイクル図

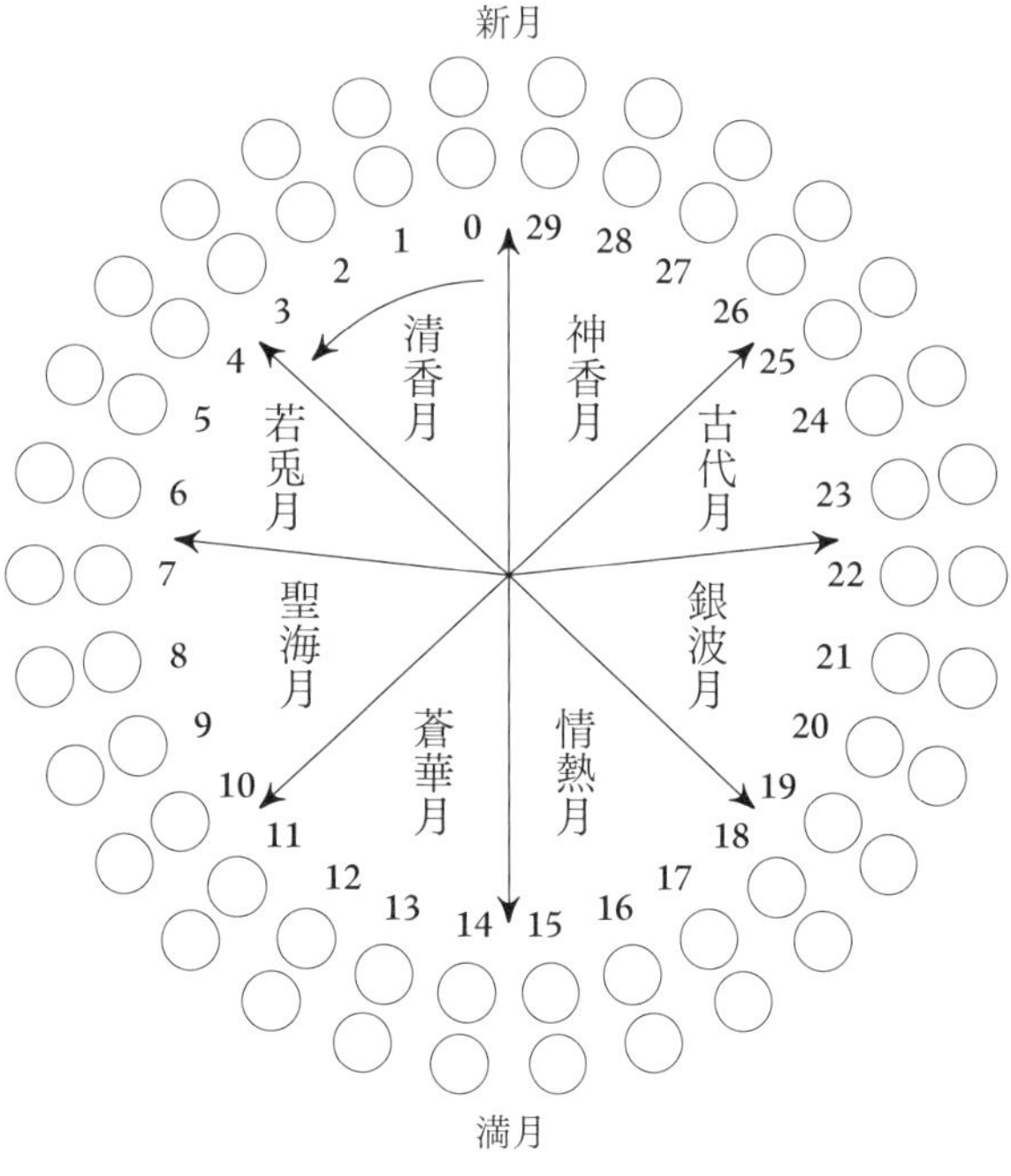

新月
0
1
2
3
4
5
6
7
8
9
10
11
12
13
14
15
16
17
18
19
20
21
22
23
24
25
26
27
28
29
清香月
若兎月
聖海月
蒼華月
情熱月
銀波月
古代月
神香月
満月

◎新月表［1930―2019］……自分の誕生日の直前の新月の日付を探してください。

1930年	1931年	1932年	1933年	1934年	1935年	1936年	1937年	1938年	1939年
1/30	1/19	1/8	1/26	1/15	1/5	1/24	1/13	1/2	1/20
2/28	2/17	2/6	2/24	2/14	2/4	2/23	2/11	1/31	2/19
3/30	3/19	3/7	3/26	3/15	3/5	3/23	3/13	3/2	3/21
4/29	4/18	4/6	4/25	4/14	4/3	4/21	4/11	4/1	4/20
5/28	5/18	5/6	5/24	5/13	5/3	5/21	5/10	4/30	5/19
6/26	6/16	6/4	6/23	6/12	6/1	6/19	6/9	5/29	6/17
7/26	7/15	7/4	7/23	7/12	7/1	7/19	7/8	6/28	7/17
8/24	8/14	8/2	8/21	8/10	7/30	8/17	8/6	7/27	8/15
9/22	9/12	9/1	9/20	9/9	8/29	9/16	9/5	8/25	9/13
10/22	10/11	9/30	10/19	10/9	9/28	10/15	10/4	9/24	10/13
11/20	11/10	10/29	11/18	11/7	10/27	11/14	11/3	10/23	11/11
12/20	12/9	11/28	12/17	12/7	11/26	12/14	12/3	11/22	12/11
		12/27			12/26			12/22	

1940年	1941年	1942年	1943年	1944年	1945年	1946年	1947年	1948年	1949年
1/9	1/27	1/17	1/6	1/26	1/14	1/3	1/22	1/11	1/29
2/8	2/26	2/15	2/5	2/24	2/13	2/2	2/21	2/10	2/28
3/9	3/28	3/17	3/6	3/24	3/14	3/4	3/23	3/11	3/30
4/8	4/26	4/15	4/5	4/23	4/12	4/2	4/21	4/9	4/28
5/7	5/26	5/15	5/4	5/22	5/12	5/1	5/20	5/9	5/28
6/6	6/25	6/14	6/3	6/21	6/10	5/31	6/19	6/7	6/26
7/5	7/24	7/13	7/2	7/20	7/9	6/29	7/18	7/7	7/26
8/4	8/23	8/12	8/1	8/19	8/8	7/28	8/16	8/5	8/24
9/2	9/21	9/11	8/31	9/17	9/6	8/27	9/15	9/3	9/22
10/1	10/20	10/10	9/29	10/17	10/6	9/25	10/14	10/3	10/22
10/31	11/19	11/9	10/29	11/16	11/5	10/25	11/13	11/1	11/20
11/29	12/18	12/8	11/28	12/15	12/5	11/24	12/12	12/1	12/20
12/29			12/27			12/23		12/30	

1950年	1951年	1952年	1953年	1954年	1955年	1956年	1957年	1958年	1959年
1/18	1/8	1/27	1/15	1/5	1/24	1/13	1/1	1/20	1/9
2/17	2/6	2/25	2/14	2/4	2/23	2/12	1/31	2/19	2/8
3/19	3/8	3/26	3/15	3/5	3/24	3/12	3/2	3/20	3/9
4/17	4/6	4/24	4/14	4/3	4/22	4/11	3/31	4/19	4/8
5/17	5/6	5/24	5/13	5/3	5/22	5/10	4/30	5/19	5/8
6/16	6/5	6/22	6/11	6/1	6/20	6/9	5/29	6/17	6/6
7/15	7/4	7/22	7/11	6/30	7/19	7/8	6/28	7/17	7/6
8/14	8/3	8/21	8/10	7/30	8/18	8/6	7/27	8/15	8/4
9/12	9/1	9/19	9/8	8/28	9/16	9/5	8/25	9/13	9/3
10/11	10/1	10/19	10/8	9/27	10/16	10/4	9/24	10/13	10/2
11/10	10/30	11/17	11/7	10/27	11/14	11/3	10/23	11/11	11/1
12/9	11/29	12/17	12/6	11/25	12/14	12/2	11/22	12/11	11/30
	12/28			12/25			12/21		12/30

1960年	1961年	1962年	1963年	1964年	1965年	1966年	1967年	1968年	1969年
1/28	1/17	1/6	1/25	1/15	1/3	1/22	1/11	1/30	1/18
2/27	2/15	2/5	2/24	2/13	2/2	2/20	2/9	2/28	2/17
3/27	3/17	3/6	3/25	3/14	3/3	3/22	3/11	3/29	3/18
4/26	4/15	4/5	4/24	4/12	4/2	4/21	4/10	4/28	4/17
5/25	5/15	5/4	5/23	5/12	5/1	5/20	5/9	5/27	5/16
6/24	6/13	6/2	6/21	6/10	5/31	6/19	6/8	6/26	6/15
7/24	7/13	7/2	7/21	7/9	6/29	7/18	7/8	7/25	7/14
8/22	8/11	7/31	8/19	8/8	7/28	8/16	8/6	8/24	8/13
9/21	9/10	8/30	9/18	9/6	8/27	9/15	9/4	9/22	9/12
10/20	10/10	9/29	10/17	10/6	9/25	10/14	10/4	10/22	10/11
11/19	11/8	10/28	11/16	11/4	10/24	11/12	11/2	11/20	11/10
12/18	12/8	11/27	12/16	12/4	11/23	12/12	12/2	12/20	12/9
		12/27			12/23		12/31		

1970年	1971年	1972年	1973年	1974年	1975年	1976年	1977年	1978年	1979年
1/8	1/27	1/16	1/5	1/23	1/12	1/1	1/19	1/9	1/28
2/6	2/25	2/15	2/3	2/22	2/11	1/31	2/18	2/7	2/27
3/8	3/27	3/15	3/5	3/24	3/13	3/1	3/20	3/9	3/28
4/6	4/25	4/14	4/3	4/22	4/12	3/31	4/18	4/8	4/26
5/5	5/24	5/13	5/3	5/22	5/11	4/29	5/18	5/7	5/26
6/4	6/23	6/11	6/1	6/20	6/10	5/29	6/17	6/6	6/24
7/4	7/22	7/11	6/30	7/19	7/9	6/27	7/16	7/5	7/24
8/2	8/21	8/9	7/30	8/18	8/7	7/27	8/15	8/4	8/23
9/1	9/19	9/8	8/28	9/16	9/6	8/25	9/13	9/3	9/21
9/30	10/19	10/7	9/26	10/15	10/5	9/24	10/13	10/2	10/21
10/30	11/18	11/6	10/26	11/14	11/3	10/23	11/11	11/1	11/20
11/29	12/18	12/6	11/25	12/14	12/3	11/22	12/11	11/30	12/19
12/28			12/25			12/21		12/30	

1980年	1981年	1982年	1983年	1984年	1985年	1986年	1987年	1988年	1989年
1/18	1/6	1/25	1/14	1/3	1/21	1/10	1/29	1/19	1/8
2/16	2/5	2/24	2/13	2/2	2/20	2/9	2/28	2/18	2/6
3/17	3/6	3/25	3/15	3/3	3/21	3/10	3/29	3/18	3/8
4/15	4/5	4/24	4/13	4/1	4/20	4/9	4/28	4/16	4/6
5/14	5/4	5/23	5/13	5/1	5/20	5/9	5/28	5/16	5/5
6/13	6/2	6/21	6/11	5/31	6/18	6/7	6/26	6/14	6/4
7/12	7/2	7/21	7/10	6/29	7/18	7/7	7/26	7/14	7/3
8/11	7/31	8/19	8/9	7/28	8/16	8/6	8/24	8/12	8/2
9/9	8/29	9/17	9/7	8/27	9/15	9/4	9/23	9/11	8/31
10/9	9/28	10/17	10/6	9/25	10/14	10/4	10/23	10/11	9/30
11/8	10/28	11/16	11/5	10/24	11/12	11/2	11/21	11/9	10/30
12/7	11/26	12/15	12/4	11/23	12/12	12/2	12/21	12/9	11/28
	12/26			12/22		12/31			12/28

1990年	1991年	1992年	1993年	1994年	1995年	1996年	1997年	1998年	1999年
1/27	1/16	1/5	1/23	1/12	1/1	1/20	1/9	1/28	1/18
2/25	2/15	2/4	2/21	2/10	1/31	2/19	2/8	2/27	2/16
3/27	3/16	3/4	3/23	3/12	3/1	3/19	3/9	3/28	3/18
4/25	4/15	4/3	4/22	4/11	3/31	4/18	4/7	4/26	4/16
5/24	5/14	5/3	5/21	5/11	4/30	5/17	5/7	5/26	5/15
6/23	6/12	6/1	6/20	6/9	5/29	6/16	6/5	6/24	6/14
7/22	7/12	6/30	7/19	7/9	6/28	7/16	7/5	7/23	7/13
8/20	8/10	7/30	8/18	8/7	7/28	8/14	8/3	8/22	8/11
9/19	9/8	8/28	9/16	9/6	8/26	9/13	9/2	9/21	9/10
10/19	10/8	9/26	10/15	10/5	9/25	10/12	10/2	10/20	10/9
11/17	11/6	10/26	11/14	11/3	10/24	11/11	10/31	11/19	11/8
12/17	12/6	11/24	12/13	12/3	11/23	12/11	11/30	12/19	12/8
		12/24			12/22		12/30		

2000年	2001年	2002年	2003年	2004年	2005年	2006年	2007年	2008年	2009年
1/7	1/24	1/13	1/3	1/22	1/10	1/29	1/19	1/8	1/26
2/5	2/23	2/12	2/1	2/20	2/9	2/28	2/18	2/7	2/25
3/6	3/25	3/14	3/3	3/21	3/10	3/29	3/19	3/8	3/27
4/5	4/24	4/13	4/2	4/19	4/9	4/28	4/17	4/6	4/25
5/4	5/23	5/12	5/1	5/19	5/8	5/27	5/17	5/5	5/24
6/2	6/21	6/11	5/31	6/18	6/7	6/26	6/15	6/4	6/23
7/2	7/21	7/10	6/30	7/17	7/6	7/25	7/14	7/3	7/22
7/31	8/19	8/9	7/29	8/16	8/5	8/24	8/13	8/1	8/20
8/29	9/17	9/7	8/28	9/14	9/4	9/22	9/11	8/31	9/19
9/28	10/17	10/6	9/26	10/14	10/3	10/22	10/11	9/29	10/18
10/27	11/15	11/5	10/25	11/12	11/2	11/21	11/10	10/29	11/17
11/26	12/15	12/4	11/24	12/12	12/2	12/20	12/10	11/28	12/16
12/26			12/23		12/31			12/27	

2010年	2011年	2012年	2013年	2014年	2015年	2016年	2017年	2018年	2019年
1/15	1/4	1/23	1/12	1/1	1/20	1/10	1/28	1/17	1/6
2/14	2/3	2/22	2/10	1/31	2/19	2/8	2/26	2/16	2/5
3/16	3/5	3/22	3/12	3/1	3/20	3/9	3/28	3/17	3/7
4/14	4/3	4/21	4/10	3/31	4/19	4/7	4/26	4/16	4/5
5/14	5/3	5/21	5/10	4/29	5/18	5/7	5/26	5/15	5/5
6/12	6/2	6/20	6/9	5/29	6/16	6/5	6/24	6/14	6/3
7/12	7/1	7/19	7/8	6/27	7/16	7/4	7/23	7/13	7/3
8/10	7/31	8/18	8/7	7/27	8/14	8/3	8/22	8/11	8/1
9/8	8/29	9/16	9/5	8/25	9/13	9/1	9/20	9/10	8/30
10/8	9/27	10/15	10/5	9/24	10/13	10/1	10/20	10/9	9/29
11/6	10/27	11/14	11/3	10/24	11/12	10/31	11/18	11/8	10/28
12/6	11/25	12/13	12/3	11/22	12/11	11/29	12/18	12/7	11/27
	12/25			12/22		12/29			12/26

月のかたちに込められたパワー
——月相からわかる基本性格

8つの月は人生の時代になぞらえて説明することができます。

新月から満月のあいだに生まれた人は、何歳になっても、どこか若々しく、少年少女の心を持ちつづけるところがあります。

満月から新月に向かうあいだに生まれた人は、子どもの頃から、どこか大人びているところがあります。

あなたの生き方、感じ方は、まさに、あなたが生まれた日の「月のかたち」です。

それぞれの月を、詳しく見ていきましょう。

第1の月——「清香月《きよか》」（新月）

第1の月である「清香月」（新月）は、母親のおなかにいる胎児のようなもの。まだ、この世に生まれる前の時代をイメージしてください。清香月は、その名の通り、潔《いさぎよ》く、清く香る月です。新月は、人生が終わった瞬間であって、次の人生が始まる瞬間でもあり、月こそ見えないけれど、それは、太陽と月とが重なっているときであるから、まさに肉体を抜けた魂の状態です。これから新しい生命が誕生しようとする、迷いのない心で、何かが終わって何かが始まる、再生と創造、起伏に動じず、これから満ちていく希望への力強さを秘めています。

【清香月のあなた】

月と太陽の位置が重なり、二つの惑星がもっとも近づいているのが新月。生まれたての月のパワーを秘めているあなたは、同時に太陽の強いパワーも授かっている人です。自分の気持ちに正直で、どんなときでも迷いなく意志を貫いていくでしょう。経験を力に変えていくことができるので、たとえ失敗しても確実に成長していくことができます。ただし、その強さゆえ、物事を主観的に捉《とら》えてしまう面には注意が必要。客観性と柔軟性をもって生きていくことで、さらにあなたの魅力は輝いていくことになるはずです。

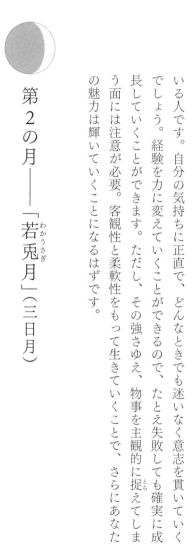

第2の月――「若兎月《わかうさぎ》」（三日月）

第2の月である「若兎月」（三日月）は、人生では幼児期の時代にあてはまります。若兎月は、その名の通り、飛び跳《は》ねる若い兎の月です。新月から上弦の月までに位置する三日月は、まさに誕生したばかりの赤ん坊のように、ありのまま、泣き笑いする無垢《むく》さ、無邪気さ、それゆえの危うさを持っています。感情の起伏をコントロールしない、天真爛漫な心の状態です。

【若兎月のあなた】

月の女神・アルテミスの象徴でもある三日月。成長していく月のパワーに守られたあなたは、好奇心旺盛《おうせい》で、まるで赤ちゃんのように純粋無垢な心を持っている人です。行動力があり、興味を抱いたものには積極的に関わっていきます。コミュニケーション能力が高く、自分が楽しみながら周囲も楽しませていくことができるでしょう。ただし、多くのことに関心を持ちすぎるため、物事も人間関係も広く浅くになってしまいがち。自分の軸となるものをしっかり築けるかどうかが人生のテーマになります。

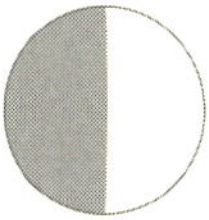

第3の月——「聖海月《きよみ》」（上弦の月）

第3の月である「聖海月」（上弦の月）は、人生では少年・少女の時代です。聖海月は、その名の通り、聖なる海の月。新月から満月への中間に位置する半月は、まるで子どものような無垢さ、無邪気さに、意思が芽生《めば》えた少年・少女のような感情の起伏を起こします。見るのも聞くのも楽しさと驚きで、寄せては返す波のように活性している心の状態です。

【聖海月のあなた】

満月に向かって満ちていく半月が上弦の月。明暗二つの顔を持つ月のパワーに照らされたあなたは、少年・少女のような繊細さとともに、意外な二面性を秘めた人です。ときに大胆に、ときに慎重に行動し、目的に向かって邁進《まいしん》していくでしょう。たとえ困難なことがあっても、逆境をバネにする精神力と粘《ねば》り強さがあります。ただし、表面的な強さの裏側には、人には見せない弱い一面も。自分の中にある弱さを否定せず、うまく折り合いをつけることで、もっと生きやすくなるはずです。

第4の月――「蒼華《そうか》月」（十三夜）

第4の月である「蒼華月」（十三夜）は、人生では青春の時代。蒼華月は、その名の通り、蒼く光る華やかな月です。上弦の月がさらにふくらみ、限りなく満月に近づいた十三夜は、満ちるときを目前に控え、期待と不安の狭間《はざま》にいて常に揺らいでいる感情の起伏を起こします。単なる子どもではいられない、だけど大人ではない。いくつになっても、まるで思春期のような心の状態です。

【蒼華月のあなた】

十三夜と呼ばれる満月目前に美しく輝く月。満ちるときを目前にした月のパワーを受けるあなたは、年を重ねても揺らぐ思春期のような感情の起伏で、完成されていないがゆえの未知なる可能性に恵まれた人です。

豊かな感性を持ち、人の痛みがわかる優しさにあふれています。周囲からの人望が厚く、十分な才能もありますが、現状に満足せずに志を高く持っているでしょう。ただし、その向上心の高さが、何をやっても飽き足らない不満足感につながってしまうことも。もう少し自分に甘く、ハードルを下げることを覚えることが大切です。

第5の月——「情熱《じょうねつ》月」（満月）

第5の月である「情熱月」（満月）は、人生では青年期から壮年期の時代。情熱月は、その名の通り、情熱的な月です。満月は、他の星を圧倒する輝きを放って、人生のスポットライトを真上から浴びているような、自信に満ちあふれた崇高《すうこう》な感情の起伏を起こします。何事も怖れずに刺激を求め、じっとしていられない青年期の真っ盛りでもあり、壮年期のパワーある心の状態です。

【情熱月のあなた】

太陽と１８０度、反対側に位置しているのが満月。完成された月のパワーを浴びるあなたは、華やかな存在感と、人を惹《ひ》きつける不思議な魅力にあふれた人です。天性の才能に恵まれているように見えますが、じつは人一倍努力しています。持ち前の勘のよさと自己ブランディング力で、夢や願望を実現に導いていくでしょう。ただし、完璧な月であるからこその葛藤があるのも事実。ついポジティブに走りがちですが、自分の中にあるネガティブな面とも、きちんと向き合うことが必要です。

第６の月――「銀波《ぎんぱ》月」（有明《ありあけ》の月／十六夜《いざよい》）

第６の月である「銀波月」（有明の月／十六夜）は、人生では中年期の時代。銀波月は、その名の通り、銀色に輝く波のような幻想的な月です。満月が欠けはじめ、下弦の月になるあいだのアンバランスな月は、常識が現実と幻想の狭間をさまよう、たとえるならば、上の命令も下の言い分も両方の気持ちが理解できてしまえる中間管理職のような、繊細《せんさい》で哀愁的な感情の起伏を起こします。もう若くはない、だけど年だとは思いたくない、憂《うれ》いを秘めた心の状態です。

【銀波月のあなた】

満月から徐々に欠けていく憂いを含んだ月。欠けていく月のパワーに包まれるあなたは、完璧でないがゆえに自分には厳しく、他者には優しくなれる人です。細やかな気配りができ、心を許した相手には献身的に尽くしていくでしょう。自分自身の充足を知り、どんなことでも周囲と分かち合うことに喜びを見出します。ただし、自分の好き嫌いで人を選別してしまう一面も。井の中の蛙《かわず》で満足するのではなく、大海に飛び出す勇気を持てば、あなたの人生はもっと豊かになるはずです。

第7の月——「古代《こだい》月」（下弦の月／二十三夜）

第7の月である「古代月」（下弦の月／二十三夜）は人生では熟年期の時代。古代月は、その名の通り、光と闇を均等に分かち合う古きよき世代の月です。満月から新月への中間に位置する半月は、熟年の重量感、心静かに落ち着きを抱きはじめた感情の起伏を起こします。光と闇とを均等に分かち合える、純粋で平和な心の状態です。

【古代月のあなた】

新月に向かって欠けていく半月が下弦の月。光と影を分かち合う月のパワーに照らされるあなたは、心穏やかな平和主義者で、人とのつながりを大切にする人です。自分の理想に近づくために、いばらの道も乗り越えていくでしょう。どちらかというと、年を重ねてから開花する大器晩成型といえるかもしれません。ただし、その言動はときに合理的すぎることも。本来持っている豊かな感受性を表に出していくことで、もっと人間的な魅力が増していくはずです。

第8の月――「神香月《かみか》」（明けの三日月／二十六夜）

第8の月である「神香月」（明けの三日月／二十六夜）は、人生では晩年の時代。神香月は、その名の通り、美しく凛《りん》とした神が香る月です。下弦から新月へのあいだに位置する神秘的な明けの三日月は、もうこの世に未練など何もない、達観した感情の起伏を起こしません。実際、年齢が若いとしても、妙にものを知ったふうな老賢者のように、冷静で神秘的な心の状態です。

【神香月のあなた】

新月を目前にした凛とした三日月。やがて消えゆく月のパワーに守られたあなたは、何ものにもとらわれない自由さと、神秘的な雰囲気を漂わせる人です。誰に対しても寛容で、困っている人を見ると無意識のうちに手を差しのべているでしょう。共感する力が強いので、他人の感情の機微にもとても敏感です。ただし、周囲に影響されやすい点が心配。環境次第でよくも悪くも変わってしまうのが、このタイプです。つき合う相手はしっかり選んで、確固たる自分を築くようにしましょう。


生まれた日の月を知って、いかがでしょうか。

自分の生まれ月を知ることで、「自分はどうして、いつもこうなのか」「こんなふうに、考えてしまうのはなぜなのか」ということの理由が、腑《ふ》に落ちるかもしれません。

なにがいい悪いではなく、自分を知ること。それが占いを活用する意味でもあるのです。

あなたの「月サイクル」

月は約1ヵ月周期で満ち欠けを繰り返していますが、これを人生のサイクルにあてはめて、月の1日を人の1年、月の1ヵ月を人の30年として運気の流れを視ていくという方法があります。

つまり「若兎月」(三日月)で生まれた人は、30歳前後で再び「若兎月」の期間に戻って来るわけですが、そのあいだには、満月もあれば、下弦月もあります。自分がいま、どの月の期間を生きているかを知ることは、自分の人生を考えるうえで大きなヒントになるはずです。

❖――月サイクルの出し方

あなたの月サイクルを、24頁の「月サイクル図」から算出してみましょう。月サイクル図の自分の誕生日を書き込んだ場所の外側の丸に0と書き込みます。これは0歳ということで、ここから月サイクルがスタートします。

月サイクルは30年周期なので、30歳、60歳、90歳のときに再び自分の生まれた月に戻ってくることになります。現在、30歳未満の人は、0歳から数え始めて現在の年齢になったゾーンが、いまの「月サイクル」になります。

30歳以上の人は、0歳のところを30歳に、60歳以上の人は0歳のところを60歳に置き換えて数えていくと現在の「月サイクル」が早くわかります。

例……1975年8月5日に生まれた人の場合

現在の年齢を36歳とした場合、神香月の27番めを30歳として数えていきます。いまは清香月ゾーンであることがわかります。

月サイクルが教えてくれる人生のテーマ

❖——月サイクルが、いま清香月のあなた

現在、清香月のサイクルに入っているあなたのテーマは、「始める」。失敗を恐れず、心の命じるままに行動していくことで道は開けていきます。進学、就職・転職、起業、結婚など、人生の転機とも呼べる出来事を清香月で迎える人は、とても幸運。多くのチャンスや協力者に恵まれることになるからです。

ただ、物事に対して主観的な判断が多くなるので、ミスジャッジしてしまうことも。いいも悪いも、率直にアドバイスしてくれる仲間をつくることがポイントになります。

❖――月サイクルが、いま若兎月のあなた

現在、若兎月のサイクルに入っているあなたのテーマは、「自問自答」。人生での迷いが多くなる時期なので、焦《あせ》らず自分と向き合うことが大切です。人生の中で若兎月の時期にやっておきたいことは、仕事でもプライベートでも土壌づくりをしっかりしておくこと。そこからチャンスの芽が出てくるからです。来るべきチャンス期へ向けての敵は弱い心と身体。いまこそ心身を鍛えて打たれ強くなっておくことが、これからの人生の大きな武器になるでしょう。

❖――月サイクルが、いま聖海月のあなた

現在、聖海月のサイクルに入っているあなたのテーマは、「決断」。自分で思っている以上に底力を発揮《はっき》できるので、何事にも挑《いど》んでいく強さを持ちましょう。

ふだんは石橋を叩《たた》いてもなかなか渡らないような人でも、聖海月のときには、

「当たって砕《くだ》けろ」の気持ちでぶつかるのが正解。分が悪い勝負でも運が味方してくれるからです。ヘンに弱気になって守りにまわるのはチャンスを逃すことにもなりかねません。意図して拡大し、発展させていくことで夢のような願望も実現できるはずです。

❖――月サイクルが、いま蒼華月のあなた

現在、蒼華月のサイクルに入っているあなたのテーマは、「慎重」。気持ちだけが先走りやすいので、自分で自分をコントロールすることが必要です。蒼華月の時期にあっては、あえて客観的に自分を見つめて、第三者のアドバイスに素直に耳を傾けること。大切な判断を誤《あやま》ることが多くなるからです。

人生の大きな決断を迫られたときには、即断即決は禁物。ただし、経験や信念に基づいて「大丈夫」と確信できることならＧＯサインを出しましょう。

❖——月サイクルが、いま情熱月のあなた

現在、情熱月のサイクルに入っているあなたのテーマは、「充実」。自分の才能や能力を存分に発揮でき、さまざまな喜びごとにも恵まれるでしょう。いわば情熱月のときは、人生の華々しいスポットライトを独り占《じ》めしているようなもの。降って湧いたような幸運にも恵まれ、向かうところ敵なしの状態だからです。

とはいえ、人生のサイクルはめぐっていくもの。驕《おご》り高ぶることなく、好調なときこそ謙虚《けんきょ》に優しくいることが、未来へ向けての運の貯金にもなります。

❖——月サイクルが、いま銀波月のあなた

現在、銀波月のサイクルに入っているあなたのテーマは、「協調性」。よくも悪くも自分の力の限界を知り、一人では何もできないことを悟《さと》るでしょう。運気が下降しているように感じる銀波月のときですが、心配は無用。自分の

無力さを知ることで、心から信じ合える人との出会いがあるからです。

まずは自分の独断や偏見《へんけん》で人を見ないこと。多くの人と手を取り合うことは、結果的に自分自身の可能性を広げてくれるということを自覚しましょう。

❖――月サイクルが、いま古代月のあなた

現在、古代月のサイクルに入っているあなたのテーマは、「転換」。

過去の自分に別れを告げ、これまでとは異なるポジションに立たされるでしょう。古代月のときには華やかな表舞台よりも、裏方《うらかた》的な立場になることがほとんど。なぜなら、自分の経験や知識を世の中に還元すべきターニングポイントだからです。

ときには矛盾《むじゅん》やプレッシャー、ストレスを感じることもあるかもしれません。けれど、誰かのためにしたことは、必ず自分のもとに返ってきます。

❖――月サイクルが、いま神香月のあなた

現在、神香月のサイクルに入っているあなたのテーマは、「整理」。月サイクルの最終章に突入し、身辺整理をきちんとしておくことが大切になります。神香月の時期に不必要なものは捨て去り、自分に必要なものを明確にしておくこと。身軽になって清香月を迎えることが幸運への近道にもなるからです。

ときに寂しさを感じる出来事もありますが、執着心は持たないこと。続けることよりも、潔くやめることが、次の展開につながることを覚えておきましょう。

第2のリズム　星の教え

西洋占星学の基本

「私は何座なのか」といったことは、干支《えと》と同じようにほとんどの人がわかっていますが、それは、自分の生まれたときの太陽が位置していた星座であることを知っている人は多くないかもしれません。

太陽が位置していた星座があるのなら、当然、月が位置していた星座もあり、自分の生まれたときの月が何座であるかも、おさえておきたい自分自身への情報の一つなのです。

西洋占星学では、太陽だけでなく、月、水星、金星、火星、木星、土星、天王《てんのう》星、海王《かいおう》星、冥王《めいおう》星という、それぞれ動きが異なる10の星が、自分が生まれた瞬間に、どの星座を運行していたのかを視て、その人の性質や資質を探ります。

その中でも、太陽が何座にあって、月は何座にあるのかを知っておくことは、その人のパーソナリティーの核を知ることでもあるといえます。

占星学の起源は、古代人が星を見たとき、「目に見える現象のすべてには、なんらかの意味がある」と感じたことから始まっています。

私自身も子どものときから、目に見えている星には、なんらかの意味があると感じていました。太陽と月の星座を解説した本とめぐり合い、それ以来、そのときどきに自分の直感の裏づけとして、まるでバイブルのように読み、実際とを検証するといった具合で活用していました。そこから、いまの仕事につながっていったわけです。

東洋思想に基づく東洋占星学と、ギリシャ神話をシンボルイメージとする西洋占星学。どちらにも陰陽があって、東洋では十干《じっかん》十二支、西洋では十惑星（天体）と十二星座という数字の共通もある。「星観察」から始まった原点は同じであって、私としては、どちらが正しいではなく、真理は一つとしてつながっていて、どちらも「いまを生きる」に活かせる先人の知恵である、と融合させて視ています。

十二星座の4つの価値観

西洋占星学の十二星座は、その性質から、4つのグループに分類できます。

❖火の星座――牡羊座《おひつじ》・獅子座《しし》・射手座《いて》

ホット。精神性を象徴し、直感的で物事を創造する能力を持つ。独立心旺盛で何事においても積極的で情熱的な傾向を示す反面、自尊心が強く、短気で激しい気性。他に追従《ついじゅう》することを嫌う傾向も。

❖土の星座――牡牛座《おうし》・乙女座《おとめ》・山羊座《やぎ》

ドライ。物質を象徴し、感覚的で、現実性と着実さと堅実さを持つ。用心深く、強い忍耐力があって経済観念を備えている反面、ものに対する執着心があり、消極的で受け身になりがちな傾向も。

❖風の星座――双子《ふたご》座・天秤《てんびん》座・水瓶《みずがめ》座

クール。知識を象徴し、思考的で、理性的なコミュニケーション、理論や言葉を操《あやつ》る能力を持つ。幅広い情報を持ち、冷静、軽快にそれらを活用する反面、理屈っぽく、深い情緒に欠けている傾向も。

❖水の星座――蟹《かに》座・蠍《さそり》座・魚《うお》座

ウェット。感情を象徴し、情緒的で、優しさと思いやりを持つ。心理的表現力があって、内省的で一見物静かな反面、内心は激しい。いつも人の気持ちを推《お》し量《はか》り、周囲に翻弄《ほんろう》されて自分の気持ちを見失いがちになる傾向も。

それぞれの特徴は、価値観の違いを説明するとわかりやすいかもしれません。

たとえば、「土下座したら、100万円をあげる」と言われたら、さて、あなたはどうしますか？

ここでわかる価値観に、それぞれのグループの特徴が表れています。

□「火の星座」の価値観

100万円という現実のお金よりも、頭を下げる大義（筋）があるかどうかを優先する。

□「土の星座」の価値観

土下座でも何でもそんな行為などはどうでもよくて、目の前にある現金をもらうことを優先する。

□「風の星座」の価値観

「100万円の現金」と「土下座しろという人間と自分の行為」とのメリット、

デメリットなど、思考して比較検討することを優先する。

□「水の星座」の価値観

「100万円の現金」と「土下座しろという人」に対して、どう感じるのかといった、いまの自分の気持ちを優先させる。

こうした特徴は、月がどの星座の位置にあるかで、活性化したり、弱まったりします。つまり、月が、自分の星座と同じグループの星座にあるときには強まり、違うグループの星座にあるときには弱まる傾向があります。

星座の要素と、行動の特性

十二星座は、前で述べた4元素だけでなく、「女性性」「男性性」の要素から見た2要素と、行動の特性から見た3区分にも分けることができます。

まず2要素とは、4元素のうちの「土」「水」のグループを「女性性（陰）」、「火」「風」のグループを「男性性（陽）」とする分け方です。

2つのグループの傾向は次の通りです。

❖――女性性（陰）――土の星座と水の星座

内に向かう力（受動性）。消極性、インプット。

❖——男性性（陽）——火の星座と風の星座

外に向かう力（能動性）。積極的、アウトプット。

次に、行動の特性から見た3区分について説明します。3区分は、すなわち「活動」「固定」「柔軟」の3つのグループになりますが、それぞれの傾向は次の通りです。

❖——活動——牡羊座・蟹座・天秤座・山羊座

活動的、攻める、活発、開始。
何事にもアクティブで目的に向けて意欲的でリーダーシップに長《た》けている反面、自意識、自己顕示欲が強く、軽はずみな傾向を持つ。

❖ 固定—牡牛座・獅子座・蠍座・水瓶座

固定的（受動的）、安定、重厚、継続。
忍耐強く着実な反面、行動パターンが一定になりやすく、頑固《がんこ》で協調性に欠ける傾向もある。

❖ 柔軟—双子座・乙女座・射手座・魚座

流動的、とらわれない、臨機応変《りんきおうへん》。
変化に対応する力があり、融通《ゆうずう》性に富む反面、持続性に欠け、主体性のない傾向に。

自分の星座が、どこのグループに入るのかを知ることで、自分と同じような傾向のある星座も、同時に知ることができます。共通項がある星座ほど、影響を受けやすい星座だということもできます。

◎十二星座の分類

	陽		陰	
活動	♈ 牡羊座	♎ 天秤座	♑ 山羊座	♋ 蟹座
固定	♌ 獅子座	♒ 水瓶座	♉ 牡牛座	♏ 蠍座
柔軟	♐ 射手座	♊ 双子座	♍ 乙女座	♓ 魚座
	火	風	土	水

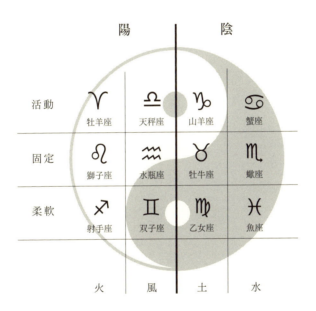

第3のリズム ホロスコープについて

あなたが生まれた日の星の配置

ホロスコープとは、そのときの星の運行状況（星の配置）を書き表した「星図《せいず》」であり、誕生日の星図はバースデーチャートとして、星の配置による自分の出生証明書ともいえます。

星は太陽の通り道である「黄道《こうどう》」に沿って運行しています。その「黄道」を30度ずつ、12の領域に区切ったものが星座（サイン）です。

自分が生まれた時間の地球（自分）を中心として、月・水星・金星・太陽・火星・木星・土星・天王星・海王星・冥王星の10ある星（惑星・天体）が、十二星座のどこを運行していたかによって、ホロスコープは決まります。

さらに、黄道を時間で12の部屋に分けるハウス（室）や、星同士がつくる角度

（アスペクト）と合わせることで、より詳しく自分を読み解いていくことができるようになるのです。

ホロスコープの作成のしかたは、天文暦を使い、生まれたときの場所と時間における星の運行を算出するために、その星の位置を知るための地方恒星時を求め、標準恒星時と出生時間のズレを修正し、その人が生まれたときの東の地平線と黄道の交点にある上昇星座（アセンダント）を算出します。

それが、ホロスコープの最初の起点（第1ハウスの起点）となって、12のハウスに分割した図を描き、そこに、その日その時間の10ある星（惑星・天体）の運行位置を書き込みます。

ホロスコープとは「生まれた瞬間の宇宙の状態を図に表していて、平面図ではあるけれど、それはとても奥深く、必要なとき必要な星が目に飛び込んでくる、生きる羅針盤のようなもの」と私は説明しています。

いまでこそコンピュータで簡単に算出できますが、私が学んでいた頃は、月の運行を電卓を叩いて算出し、特別な分度器と線引きを使って手書きで描いていまし

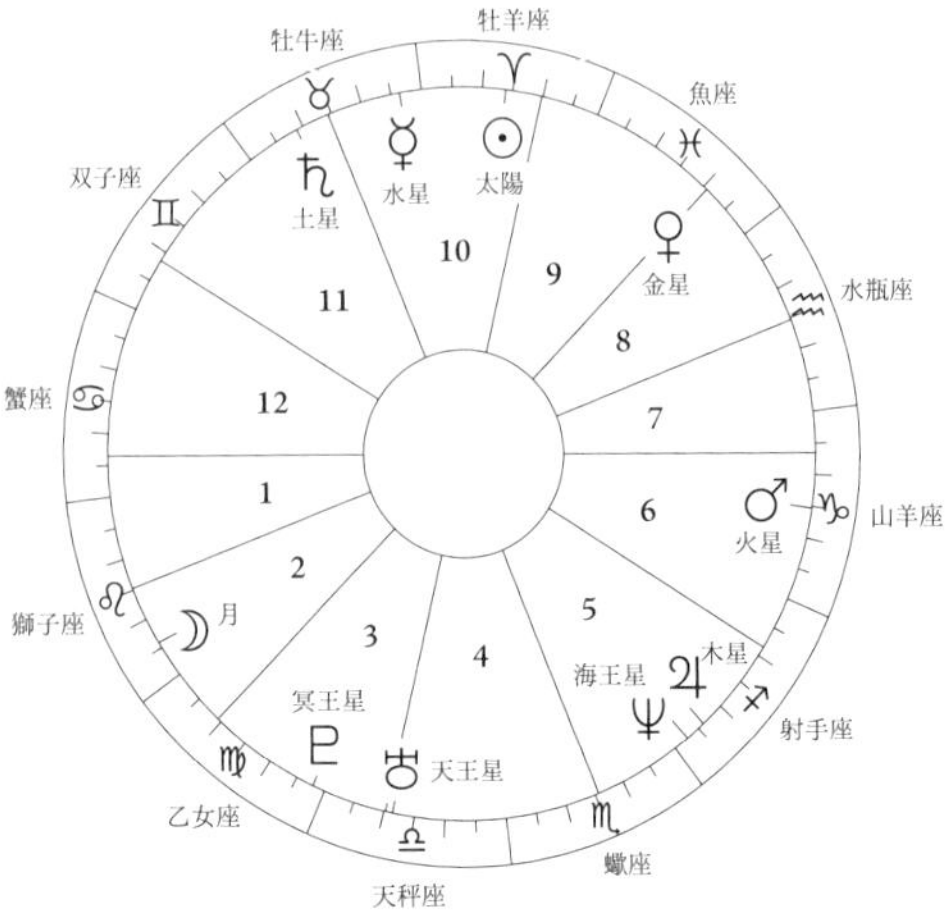

◎ホロスコープ

星の運行状況を書き表した「星図」。
星座（サイン）、惑星、室（ハウス）、角度（アスペクト）の組み合わせで読み解いていく。

た。そうして、いくつものホロスコープを作成していたことが、おそらく日々の鍛錬《たんれん》となって、いつのまにか自然と頭の中に星図（宇宙）を描き、いま、どの星がどの星座を運行しているのかと、相談者本人のタイミングとを感じとって解くことが、私のいまの生業《なりわい》として成立しているようです。

星のパワーとエネルギー
——基本的な意味と働き

☉ ❖太　陽——アイデンティティーの核であり生命の根源。バイタリティー、顕在《けんざい》的な自我を表し、意志力、向上心、活力や健康を意味します。

☽ ❖月——感受性と反応力（感情の反応パターン）、潜在的な自我を意味し、太陽が表に出るとしたなら、月は裏にあるキャラクターともいえます。

☿ ❖水　星——知性の働かせ方（コミュニケーション能力、創意工夫）、知能、伝達、言語、技術、判断力、学習能力を意味します。

♀ ❖金　星——楽しみ方、関わり方（アプローチ）、愛と美、品性、相手に対する傾向や好みのタイプを意味します。

♂ ❖火　星——意思と行動の傾向（バランス感覚）、攻撃性や開拓精神、動機や決断力の有無、行動力、闘争本能、衝動、興味やエネルギーを注ぐ方向を意味します。

♃

❖木　星——生き方、発展のしかた、成功、幸運、誇張《こちょう》、拡大を意味します。

♄

❖土　星——制限、節制、拘束《こうそく》、困難や試練、克服すべき苦手意識、それらを乗り越える忍耐力や思慮、努力、堅実、責任、実務能力を意味します。

♅

❖天王星——新しいものを生み出す力、改革力、発想（閃《ひらめ》き）、変化、ハプニング、分裂、独自独創、進歩、友好などを意味します。

♆

❖海王星——潜在意識、霊感（インスピレーション）、幻想（イマジネーション）、神秘性、芸術性、奉仕、陶酔《とうすい》感、律動《りつどう》感、現実逃避《とうひ》などを意味します。

♇

❖冥王星——物事の始めと終わり、破壊《はかい》と再生、自己創造、深層的価値観、啓示、再建などを意味します。

星（惑星・天体）の運行状況で起きる座相（アスペクト）

天空に輝く10の星（惑星・天体）は、それぞれの周期で運行していますが、ときに星間で意味ある角度（アスペクト）を形成します。その星と星（星間）には強い関係性が生まれ、互いに影響を与え合います。

星と星に角度（アスペクト）が形成されたとき、星本来が意味するエネルギーが相乗して建設的に働く場合、エネルギーが相克《そうこく》して破壊的に働く場合、調和と不調和の二つの方向へと分かれる場合など、星間の相互作用が起こります。

ただし、これもいいとか悪いとか短絡的に判断するものではなく、調和的だからこそ、たやすく流されてしまうこともあるから、そのことを知ることにより確信的に挑める、ということにもなります。

例として、90度というのは、まるで違う価値観同士の惑星間で起きるアスペクトなので、無意識にどこまでも自己葛藤《かっとう》で迷い悩んでしまいますが、そのことを知って自覚してさえいれば、自分の中の二つの、まったく違う価値観を分かち合うことができる。それが自分自身の力強い武器となるのです。

あなたの誕生日に、10ある星（惑星・天体）が12ハウスの十二星座のどこを運行していたのかをホロスコープで知ることによって、自分自身の人生を推理・推測、探求していくことができます。

それは、たとえれば一つの筋書きのない人生の芝居があるとして、十二星座と12ハウスは舞台であって、そこに10の星とする個性の異なる役者が10人いる。そこで、その宿命たる序幕から運命物語は展開していき、立命となって、最終章へと向かっていきます。ただし、運命物語を展開させるのには10人の役者を活躍させなければなりません。それができるのは、星の導きを知って、自分の命を活用させる自身の日々の行いです。

◎主なアスペクトと、その意味

「アスペクト」とは、ホロスコープ上で2つの惑星が、ある一定の角度をつくること。この角度には、オーブ（許容範囲の誤差）が認められている。

名称	☆	角度	意味
コンジャンクション		 0度	互いに強め合う、強い影響を与え合う
オポジション		 180度	互いに引っ張り合う活発な関係、緊張感を生む
トライン		 120度	協調関係や相乗効果が生まれる、それぞれの長所が強調される
スクエア		 90度	矛盾や葛藤が生じる、互いに衝突し合う

※アスペクトには、ほかにセミ・セクスタイル（30度）、セクスタイル（60度）、インコンジャンクト（150度）がある。

ホロスコープを読み解くには、基礎的な知識に、経験といった応用力や人間力が加味されるので、その見解によって「当たる」「当たらない」といった結果が生じてしまいます。

「当ててもらう」といった依存姿勢でなく、自分への情報ツールの一つとして捉えてみることで、それを知らないよりも知っておいて損のない先人の知恵として、活用することができるのです。

第4のリズム　月星座の意味

月星座を知る方法

ホロスコープは、自分が生まれた、その瞬間、それぞれの星が、十二星座の中の、どの位置にあるかを示すものです。

太陽は、およそ1年で十二星座をまわります。3月の終わりから4月は牡羊座に、その次は牡牛座に、そして双子座、蟹座と続きます。それぞれに1ヵ月近く滞在するので、その1ヵ月以内であれば、太陽星座は同じになります。

ところで、西洋占星術で、太陽星座に次いで私たちに強い影響を与えるのが、「月星座」です。

「月星座」は、あなたが生まれた瞬間に、月がどの星座にあったのかを示すものですが、これを調べるのは、太陽星座に比べると、そう簡単ではありません。

月はおよそ28日で、十二星座をまわります。出生時間までわかると、より正確な月星座を知ることができます。

自分の月星座を調べるには、自分のホロスコープを出して、月の位置がどこにあるかを見ればよいのですが、いまはインターネットで、「月星座を調べる」で検索すると、いろいろなサイトで調べられます。

太陽星座が社会的な立場での表となる自分だとすれば、月星座は、プライベートな自分、裏にある自分の性質を知るのに役立ちます。

また、好き嫌いの感情は太陽の光を反映している月が感じるといった傾向にあって、それは自身の人気運へとつながりますから、太陽星座が本質ならば、月星座は人生の彩《いろど》り、と考えてみるのもよいでしょう。

たとえば、太陽星座も月星座も同じ人というのは、裏も表も同じ。自分自身が表裏一体として迷いなく揺らがないので、誰にとっても、その人のイメージは、あまり変わらないものかもしれません。

でも、太陽星座が、たとえば乙女座で、月星座が牡羊座だという場合は、第一印象では、おとなしい女性であっても、つき合っていくと、じつは強い生き方を選べる女性である、ということがあります。

太陽星座と月星座が、対極にあるような場合は、そのギャップに自分自身が戸惑うようなこともあるかもしれません。


自分の月星座を調べてみましょう。前にも書いた通り、インターネットで、「月星座」「月星座を調べる」などを検索すると、いろいろなサイトで調べることができます。

あなたの月星座は何でしたか？

次頁より、それぞれの星座の特徴を述べていきますね。

あなたの月星座は？

♈

❖――月星座が牡羊座のあなた

人生のチャレンジャー、明るく元気よく自分の目的に向かって真っ直《す》ぐに突き進む積極的な行動力があるからこそ、大胆なことをやってのけ、かなり向こう見ずでせっかち。たとえそれが失敗に終わったとしても、クヨクヨせずに、さっぱりとしていて、自分にも他人にも嘘がつけない。勝ち気で誠実でもある。

♉

❖――月星座が牡牛座のあなた

温和でおっとりと、たおやかであるからこそ、かたくなでマイペース。でしゃばることなく、穏やかに人の話を聞く姿勢があるが、実際は自分が本当に納得しなければ人の話を受け入れない内弁慶《うちべんけい》。慎重で、強情《ごうじょう》。信念が強く妥協《だきょう》しない。五感に優《すぐ》れ、抜群《ばつぐん》の美的感覚、味覚、芸術的な才能。ただし、お尻は重く横着《おうちゃく》。

♊

❖——月星座が双子座のあなた

知的好奇心が強く臨機応変で多才で軽妙。一つのことに集中することよりも常に二兎《にと》を追いかけるほうが充実する。よくも悪くも、いいかげん（良い加減）で、集中力は散漫《さんまん》で飽《あ》きっぽい。サービス精神が旺盛で、人を退屈させない。如才《じょさい》ない抜群の社交術、どんな人にも調子を合わせることができる機知縦横《きちじゅうおう》。

♋

❖——月星座が蟹座のあなた

他人の気持ちに敏感で情緒的であるからこそ、起伏に揺れがあり、相手次第の出方をする。感受性豊かで同情心に富む。自己防衛が強く、自分を慕《した》ってくれる人には、面倒見のよさと優しさを発揮するが、そうでない人には排他《はいた》的。防御《ぼうぎょ》本能から精神的に傷つきやすく、気分が揺れやすい。気取ったところがなく、気さく。マニアっ気も。

♌

❖——月星座が獅子座のあなた

威風堂々《いふうどうどう》と誇り高く、白黒はっきりしていて、明快で、自己責任能力が高いからこそ、傲慢《ごうまん》で自信過剰となり見栄っ張りにもなる。人前でも躊躇《ちゅうちょ》することなく、物怖《お》じせずに明るく陽気。褒められることに喜びを感じる、単純な楽天家なので、いい気になる傾向が強く、耳の痛いことを言う人を排除して、人を見る目を誤りがちに。

♍

❖——月星座が乙女座のあなた

批判力に富み、頭がよくて賢明。シャイで人見知りでありながら社交上手。マメで心身ともに、じっとしていることができない。奉仕精神旺盛。繊細で何をしても正確で、行き届く。細かいことが気になり、いろんなことに気がついてしまうからこそ、相手に厳しく、不満が募《つの》りやすく、人のせいにしたり、皮肉屋となったりして自分も疲れる。

♎

❖――月星座が天秤座のあなた

バランスを尊《たっと》び、人の気をそらさない社交術で、適当に相手に華を持たせながら何事もないような態度で接する。常に冷静沈着を装い、たとえ心の中で、どのような葛藤があったとしても、微笑を絶やさず、人の目を意識して自分の品格を下げない。調和的な平和主義でいたいからこそ、策を講じて調整を図《はか》る。

♏

❖――月星座が蠍座のあなた

洞察力《どうさつりょく》と忍耐力は抜群《ばつぐん》で、孤独を好み、秘密主義的なところも。辛抱《しんぼう》強く懐《ふところ》が深いからこそ、自尊心が高く、その限界になったときは、誰の言うことも聞けない。自我が強く、強情で、真面目で、堅実で、約束には几帳面《きちょうめん》の頑張り屋。経験を積まないと、無口で内気といった社交性に欠けるが、経験を力にしたなら、明るく大胆な自信家へと変貌《へんぼう》。

♐

❖——月星座が射手座のあなた

奔放《ほんぽう》で、束縛《そくばく》を嫌い、ときに、狙いを定めているからこそ「目には目を」の攻撃に出る。知性と野性とを合致させた、高尚で、それでいて気取りのない楽天家。衝動的で、いろいろなことに興味を持ち、夢中になると、まるで鉄砲玉のようにのめりこむ。けれど「こんなものか」とわかってしまえば興味を失い、気持ちが変わる。それでいてケロリ。

♑

❖——月星座が山羊座のあなた

思慮深く用意周到であるからこそ、慎重すぎて臆病《おくびょう》となる。自分にも人にも厳しくルーズな人を嫌う。目標や目的を掲《かか》げたならば、コツコツと積み重ねて必ず手中に収める。計画的で向上心が強く、律儀《りちぎ》で義理堅く、几帳面で努力家。野望が高く、利己心から人を値踏《ねぶ》みする傾向に。

❖——月星座が水瓶座のあなた

自分は自分であって自由を尊重できるからこそ、人の気持ちに無頓着《むとんちゃく》でおかまいなしとなる。さらりと淡々と進歩的でいて、小さなことにこだわらず、喜怒哀楽の感情のうねりも少ない。でしゃばらず、卑屈《ひくつ》にもならず、誰とでも同じ態度で接する。心が広く、気持ちは常に未来に向いているので、個人的な問題には興味がない。

❖——月星座が魚座のあなた

慈悲深く優しいからこそ、安易に流されやすい。直観力が鋭《するど》く、感受性豊かで、ロマンチストな甘えん坊。幻想的で、たぶんに感情的で、悲しくても嬉しくても涙もろく、思いやりがある。欲得抜きで自分のことより、まず相手のことを考える傾向から、騙《だま》すより騙されたほうが幸せだといった、自己犠牲的な精神と優越感が同居。

月星座と月のかたち

月星座がわかることで、自分が生まれたときの「月のかたち」を知ることができます。

月のかたちとは、「第1のリズム」で見たように、いわゆる「月相」とよばれている地球から見える月の満ち欠けのかたち。

私自身が自分の月星座を知って、その先に理解できたことは、太陽がどの星座にあって、月がどの星座にあるのかで、生まれたときの月のかたちがわかるということ。それを知ったことで、自分自身の気持ちのあり方にとても合点がいった瞬間を、いまでも覚えています。

それだから、ホロスコープを見て「月のかたち」の話をよくします。

運行位置を示した星図であるホロスコープには、月のかたちなどは描かれていませんが、太陽と月の星座がわかることで、その配置により月のかたちが頭の中にイメージできるのです。

たとえば私は、太陽は獅子座で、月は蟹座です。太陽と月とが重なるときが新月なのですから、蟹座とは獅子座の一つ手前の星座なので、おのずと明けの三日月である「神香月」だとイメージできます。これは、星座を別にしてみたとしても、自分が生まれたときの実際の月のかたちと同じになります。

「生まれた日の新聞を図書館で調べてみたらわかると思うけれど、あなたが生まれたときの月のかたちは○○だから、こういった感情の起伏が起きるの」ということを伝えると、生物としての性質の違いなのか、「月のかたち」が意味する事象は、女性よりも男性に強く響きます。

また、農業や釣りなど天候に左右される職業や趣味を持っている人は、季節や潮の流れを知る手段として自然と月の満ち欠けを感じていて、至極《しごく》当然のごとく納得するのです。

第5のリズム　星の移動

星（惑星・天体）の動き

星には、それぞれの動き（公転周期）があります。

10の星は、それぞれが象徴する意味を持ちながら、それぞれの速度で、それぞれの軌道《きどう》をまわっています。それはまるで宇宙で互いに呼応しているかのように、決してぶつかったりしないように動いています。

それらの星と同じように、私たちも、私たちを取りまく人間関係の中で、自分に合った速度で、それぞれの役目や役割を果たしています。

太陽は1年で、月は約28日で、水星は約88日、金星は約２２５日、火星は約２年、木星は12年、土星は約29・5年、天王星は約84年、海王星は約１６５年、冥王星は約２４８年で、十二星座を一周します。

順行と逆行

「順行」「逆行」というのは、地球上から見える、見かけ上の星の動き。星（惑星・天体）が黄道上を東から西へと順に動くことを順行といい、その星の持つパワーがスムーズに発揮されるときといわれています。

星（惑星・天体）が見かけ上、西から東へと逆に動くことを逆行といい、その星の持つパワーがストップされているときといわれています。

たとえば、現象として水星が順行しているときは株の動きは読みやすく、逆行しているときには暴落など変動が起きるとか、また、コミュニケーション全般（郵便や電子メールなど）や交通になんらかの支障《ししょう》をきたすこともあるようです。

ボイドタイムを知る

「ボイド」とは、英語では「無効」という意味であり、ボイドタイムとは月の力が及《およ》ばない時間帯といえます。

地球からいちばん近い星である月は、太陽以外にも水星、金星、火星、木星、土星、天王星、海王星、冥王星、それらの力の影響を地球にいる私たちに及ぼしています。「ボイドタイム」とは、そのどの星とも角度を持たない（絡《から》まない）時間帯なのです。

この時間帯はコンピュータの発達によって算出できるようになりました。

その先駆《さきが》けであるアメリカには、ボイドタイムのときに行った決断はすべて無駄になる、といった多くの事例があります。

たとえば、ボイドタイムが発生しているときは、いろんな意見が飛び交《か》い、議論や討論が行われ、きわめて充実した時間が過ごせるのですが、そこで決定したり実行にうつしたりすると、予想された結果は出ないというのです。

月が他の星の影響のない「無効」のときだからこそ、「影響」が出るのは、制御が利かないときだからです。

ボイドタイムを知ると、会合などの時間を決めるときに、それを避けるという人がいます。それはある意味で、賢明な選択ともいえるでしょう。

でも、何事も、そううまく都合がつくものではありません。ボイドタイムを意識するあまり、それに振りまわされてしまう人もいます。

重要な決断（大切な契約）をするとき（家や車などの購入時間や法人の登記の時間やお店などのオープン時間）に、気になることや、迷っていることがあるときには、ボイドタイムを避けるほうがいい、というくらいの気持ちでいいのです。

逆にいえば、気になることがなければ、ボイドタイムを恐れることはないのだということも知っておきましょう。

どの星座を通過中のボイドタイムなのか

具体的なボイドタイムを知るには、インターネットで検索すると、さまざまなサイトから、その情報を得ることができます。

私が監修しているシーズンズ発売の「來夢〜んカレンダー」にもボイドタイムを掲載しています。

ところで、「ボイドタイム」といっても、どの星を通過中かで、影響するところが変わってきます。「來夢〜んカレンダー」には、ボイドタイムと一緒に星座が書き込まれていますが、それによって、どのような影響を受けるのかということをお話ししておきましょう。

□牡羊座を通過中のとき
気持ちが一方的でせっかちになり、暴走しやすくなるとき。急がばまわれというスタンスでいることが大切です。

□牡牛座を通過中のとき
いろいろな意味で鈍感《どんかん》になり、欲望が止まらなくなるとき。自分の思いに固執《こしゅう》しすぎないようにしましょう。

□双子座を通過中のとき
身のまわりの情報に翻弄され、気持ちが多方面へと分散するとき。すべてのことに慎重に対応していきましょう。

□蟹座を通過中のとき
些細なことにも感情が嵐のように大きく揺れ動くとき。平常心でいるように努《つと》めることが大事です。

□獅子座を通過中のとき
慢心して自己過信に陥《おちい》りやすいとき。いつもよりも控え目でいるように心がけましょう。

□乙女座を通過中のとき
いろいろな事柄が気になって、批判的になりやすいとき。相手に対して寛容になることが必要です。

□天秤座を通過中のとき
八方美人に振る舞って、「策士、策に溺《おぼ》れる」になりがちなとき。自分の軸をしっかり持つようにしましょう。

□蠍座を通過中のとき
感情がコントロールできなくなって堪忍袋《かんにんぶくろ》の緒《お》が切れやすいとき。とくに異性間でのトラブルに注意しましょう。

□射手座を通過中のとき
本能と理性とで大きく揺らぎ、自分の中にギャップが生まれるとき。現実をしっかり見つめることが大切です。

□山羊座を通過中のとき
打算的になりすぎるか、慎重になりすぎるかの両極に分かれやすいとき。周囲と協調する姿勢を持ちましょう。

□水瓶座を通過中のとき
唯我独尊《ゆいがどくそん》的な言動に走り、周囲が見えなくなりそうなとき。「普通」でいることの大切さに気づきましょう。

□魚座を通過中のとき

自己管理ができず、流れのままに身を任《まか》せてしまいそうなとき。自分の意思をしっかり持つことが大事です。

第6のリズム 月の力を借りる

起潮力と月のパワー

人の生き死には潮の流れに影響される、ということがいわれます。

子どもが生まれるのは満ち潮のとき、人が死ぬのは引き潮のときで、たとえば、危篤《きとく》の状態にあっても、「まだ引き潮の時間ではないから、大丈夫」というようなことをいう人がいます。

命には、医学では説明のつかないことがあると思うのですが、私たちの存在が宇宙の一部であると考えれば、それは、不思議でもなんでもない。それこそが自然の摂理《せつり》といえるのかもしれません。

潮の満ち引きを起こす力を「起潮力《きちょうりょく》」といいます。そして、その起潮力は、太陽よりも、月による影響が強いといわれています。

潮の干満の差が大きい「大潮《おおしお》」は、月と地球と太陽とが一直線に並ぶ満月と新月のときに起きています。それは、地球に対して月と太陽の力が加わるからともいわれています。

それに対して、潮汐《ちょうせき》変化の小さい「小潮《こしお》」は、月と太陽が直角の方向にあるときの「上弦の月」と「下弦の月」のときに起こりますが、それは月と太陽が、互いの力を打ち消し合っているからだといわれています。

月は、地球にもっとも近い天体です。地球が宇宙の中の一つの星であるなら、いちばん近い月が地球に及ぼす影響が大きいというのも、頷《うなず》けるのではないでしょうか。

ムーン・タイミング
——月は鏡のように

女性の月経サイクルは、その呼び名に「月」とあるように月の公転周期とほとんど一致する28日周期であり、妊娠期間の「十月十日《とつきとおか》」は月齢の9ヵ月間となります。

私たちの古い祖先は森羅万象《しんらばんしょう》、自然のリズムの中で、それをあたりまえとして生きてきました。それは、人間としてのDNAにしっかりと刻《きざ》まれているはずです。

地球上に生息《せいそく》する生物の多くが、月などの天体の影響を受けています。それを生命維持と種族保存の「宇宙時計」としているわけですが、私たちの祖先もいちばん身近にある月を見て、種をまくときや収穫《しゅうかく》のときを知ったといいます。

この月のサイクルを、そのまま自分自身の目標や目的を果たすための「ムーン・タイミング」として活用してみることをおススメしたところ、大きな反響をいただいています。

たとえば、短期プロジェクトの始動から終結までの期間を、月の周期に設定して、その流れを知り、対策を考えていきます。

それほどに、月のサイクルは、私たちの生活や行動に大きな影響を与えるものなのです。

「イベントの日を新月や満月の日と決めてから集客率がよくなった」

「新月に広告をうったら反響がよかった」

という声をクライアントから聞くことが多いのですが、それは、たとえその日が新月だと知らなくても、新月の日は、「新しく何かを始めたい」といった気持ちが高まっていたり、満月の日には気持ちが活性化しているときだったりするからともいえます。月のサイクルを「ムーン・タイミング」と意識的に活用することで、自分の気持ちと月の力とがリンクして目の前が自然と開けていきます。

ギッシリと埋まっているスケジュールをこなしている毎日の中で、月を見てオンとオフとの日々を感じてみる時間は、心の休息として大切です。

また、忙しい日々の中で優先順位を決めるのが難儀《なんぎ》なときには、月の満ち欠けで物事を決めてみるのが効果的かもしれません。

古代人は、夜ごと満ちては欠ける月に神秘性を感じ、畏怖《いふ》の念を抱き、それを信仰の対象にしてきました。

太陽は太陽の光で私たちの目に見えている星ですが、月は鏡のように、その太陽の光を反射して地球にいる私たちの目に見えています。

新月の日は、太陽と月とが重なって、目に見えなくても目に見えない月の力が強く働いている日。満月の日は、太陽と月とが対極となって、目に見える月が満月となる日なので、目に見えるからこそ、限度いっぱい、フルになった月の力が心とからだに反応する日といえるのです。

新月に願いをかける

新月の日に願い事を書いてみましょう。

新月になった瞬間から8時間以内に自分の願い事を「すでに手にしている状態」として書くことで、願いがかなうといった効果が期待できます。

たとえば、

「結婚して幸せだ」「素敵な彼氏と楽しいデートをしている」

「彼女の手料理は美味しい」「起業して順調だ」

「憧れの○○氏と会食」「待望の子どもが誕生して可愛くて仕方ない」

「○○へ旅行してのんびりくつろいでいる」

「目標売り上げを超えてライバル社を引き離した」

「私の出版パーティーに大勢の仲間が来てくれた」

「念願の〇〇を手に入れて快適だ」

……など、身近なことから遥《はる》かなる夢まで「そうなっている状態」「手中に収めている状態」を想像して文字として紙に書くことです。かなわなければ、新月になるたびに何度でも書いてみましょう。

実際に「開運力」というタイトルで講演会をしたときに、参加者の皆さんに紙を配って書いてもらったところ、3ヵ月後、6ヵ月後、9ヵ月後、1年後、そして、3年後など、達成した喜びの結果報告がありました。

それは、「すでに手にしている状態」を自分で実際に書いてみたからこそ、自身の本能に「やる気」のスイッチが入り、そこに向かって努力をしていった成果ともいえますし、本人は気がついていないだけで「すでに手にしている状態」であったことの確認や確信となった瞬間なのかもしれません。

新月の時間とボイドタイムが重なる場合は、ボイドタイムは避けて、48時間以内に願い事を書きましょう。

◎新月の願い事

新月の願い事として基本「そのときの、あなたの気持ち次第」でどんな願い事でもよいのですが（ただし、恨み・つらみ・嫉妬による他人を陥れるような願い事は自分に還ってくるのでやめましょう）、あれこれ迷ってしまうときには、そのときの新月の星座のキーワードに合わせてテーマを決めるのも「あり」なので、参考にしてみてください。また、物語のように順番に自分の1年間への願い事にしてみるのも自身の成長を知るプロセスとなるでしょう。

新月の位置	星座別のキーワード	願い事への指針
♈牡羊座の新月	「I am」	生きる姿勢と存在の主張
♉牡牛座の新月	「I have」	所有と安全への願望
♊双子座の新月	「I think」「I choice」	知識による能力の進展と行動と選択（人との交流）
♋蟹座の新月	「I sense」	安心領域（家族や家庭）と未来の夢
♌獅子座の新月	「I will」	生みだす喜びと貫きたい意志
♍乙女座の新月	「I analyze」	知的向上心と正義感
♎天秤座の新月	「I weigh」「I balance」	自分の調整、統合、大切なパートナーとのこと
♏蠍座の新月	「I desire」	ただ、ひたむきに求めていること
♐射手座の新月	「I see」「I experiment」	意欲、チャレンジ、トライしたいこと
♑山羊座の新月	「I use」	達成したい目的、果たしたい使命
♒水瓶座の新月	「I know」「I solve」	繁栄、福祉、改革、革命、未知の世界のこと
♓魚座の新月	「I believe」	慈悲心、信じていること

十五夜の過ごし方

「うさぎ　うさぎ　何見てはねる　十五夜お月さま見てはねる」

日本では、月を題材にした民話や民謡が多く見られます。月夜に狸《たぬき》が踊るという「証城寺《しょうじょうじ》の狸囃子《ばやし》」や、「十五夜お月さん」の童謡、「竹取物語」の「かぐや姫」の童話などもそうですね。

また十五夜（中秋の名月）には、お月見（観月）として、秋の七草である尾花《すすき》を飾り、月見団子とお酒をいただいて月を愛《め》でるといった風習もあります。

十三夜、十五夜、十六夜とは、変わりゆく月の日数を数えた月のかたち（月相）を意味する名称でもありますが、ここでいう十五夜とは旧暦の8月15日（いまの暦では9月で、10月になる年もある）の夜を指していて、「中秋」の名の通り、季節の真ん中である秋の、月の真ん中である日の「月」を愛でる日の夜のことであって、それが満月であるとは限りません。

いまのように、前もって「この日が満月になる」とはわからなかった時代には、ちょうどその日は満月前後となって、月が綺麗に見える日の目安であったのでしょう。それだからなのか、中秋の名月前後も「待宵《まつよい》」「十六夜」といって、お月見をしていたそうです。

十五夜は中国にその由来がありますが、日本独特の風習では、十三夜（旧暦の9月13日で、いまの暦では10月）――「後《のち》の月」「豆の名月」「栗の名月」といわれるお月見もあります。

十五夜と十三夜、その両方の月を愛でるのがよいことで、どちらかの「月」しか愛でていないと「片月見《かたつきみ》」といって縁起《えんぎ》が悪いとされました。

また、「十日夜《とおかんや》」（旧暦の10月10日で、いまの暦では11月）――「三の月」のお月見が、その年の収穫の終わりを告げるといわれ、この三つの日（十日夜、十三夜、十五夜）が晴れると縁起がよいともいわれてきました。

私たちのＤＮＡには「月を愛でる」という習慣が刻まれていて、そのときどきの自分自身の気持ちのあり方や状況によって、それがそのまま月に反映され、月を見て癒《い》やされるとか、心が騒ぐといった気持ちになるのだと思います。

「病《やまい》は気から」といった言葉があるように、「気」の持ち方は運命も左右します。

忙しいスケジュールの中で「月」のサイクルを知って、満月の日を日常のストレスとなっている「気」を発散する日にあてる、月を愛で、ボーッとして癒やしの時間とする、日常を抜け出して「気」持ちの充電日として非日常を安らかに過ごしてみる、といった自身のイベントとして活用することをおススメしています。

月光浴

心の休息日として、満月の夜は、海辺の宿などを予約してしまいましょう。「月の道（月光が海上を照らしているようす）」を見ながら、何も考えない「ボーッとする」時間を持つ。

満月が真上に来る時間を狙《ねら》って、月光のシャワーを浴びているかの状態に身を置くのも、気持ちだけでなく、からだ的にも気持ちよいものです。心身ともに浄化されていくことを実感できるでしょう。

また、お月見のできる温泉もおススメです。季節と時間帯にもよりますが、湯につかって、からだが解放されていく中で、山から上ってくる月、真上に来る月、沈んでいく月を、無心で見て、感じることで、気持ちが充足していきます。

気持ちがざわついて、じっとしていられない。心が騒いで眠れない夜は、無理して眠ろうとせずに、朝まで本を読む、というふうに、あえて寝ないことを計画してみることをおススメします。

それがあなたの「気」持ちの「充電」へと、つながります。

気の置けない友人と飲みに行き、たわいのない雑談をして心の内を吐露《とろ》する、カラオケで声を出して歌うなども「気」持ちの「放電」となって、心の発散につながります。

「そんなことできない」という人もいるかもしれませんが、なぜか、満月の日には、そんなことができやすくなるようです。

睡眠と同じくらい、「ボーッとする」時間も大切です。

私のクライアントは日曜や祝日おかまいなしの働き者が多いので、「たまにはボーッとしたら」と伝えているのですが、それがなかなかできないらしく、ギッシリと埋め尽くされているスケジュールに追われた日常において、気分を切り替えることすら難しいといいます。

それならば、あらかじめ月のサイクルで満月になる日や、満月となる時間帯は「ムーン・タイミング」として、「ボーッとする」ことに決めておくというのはどうでしょうか。

また、満月の日の前後は、休暇をとって非日常へと旅に出て、ぼんやりと月を眺めて、仕事や家事などの日常を忘れてみるのもいいと思います。

月がパワーをくれるとき

落ち込んだとき、見上げた月が輝いていて、なんだか元気になったということはありませんか。

あるいは、それまでの悩みがスーッと消えて、自分の進むべき道が見えたり、具体的に何をしようというわけでもないのに、なぜか、やる気が湧いてきてソワソワしたり、ということもあるかもしれません。また、ぼんやりと月を眺《なが》めていたら気づきが生じた、閃いたといったことも。

私たちは、そんなふうに、月に慰《なぐさ》められたり、励《はげ》まされたり、ということがあります。この章の終わりに、私たちの気持ちが影響されやすい月のパワーが強い日をお伝えしておきましょう。

◎月のパワーが活性化して不安が力になるとき

・自分の月星座での満月
・自分の月星座と進行中の月星座が対極（180度）になるとき

自分の月星座	対極の月星座
♈ 牡羊座	天秤座
♉ 牡牛座	蠍座
♊ 双子座	射手座
♋ 蟹座	山羊座
♌ 獅子座	水瓶座
♍ 乙女座	魚座
♎ 天秤座	牡羊座
♏ 蠍座	牡牛座
♐ 射手座	双子座
♑ 山羊座	蟹座
♒ 水瓶座	獅子座
♓ 魚座	乙女座

◎月のパワーの応援で前向きになれるとき

・自分の月星座での上弦の月（満月に向かう半月）
・自分の月星座と調和する（120度）星座での上弦の月（満月に向かう半月）

自分の月星座	調和する上弦の月
♈ 牡羊座	獅子座・射手座
♉ 牡牛座	乙女座・山羊座
♊ 双子座	天秤座・水瓶座
♋ 蟹座	蠍座・魚座
♌ 獅子座	牡羊座・射手座
♍ 乙女座	牡牛座・山羊座
♎ 天秤座	双子座・水瓶座
♏ 蠍座	蟹座・魚座
♐ 射手座	牡羊座・獅子座
♑ 山羊座	牡牛座・乙女座
♒ 水瓶座	双子座・天秤座
♓ 魚座	蟹座・蠍座

◎月のパワーが穏やかで気持ちがラクになるとき

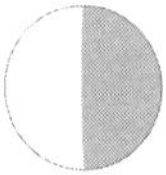

・自分の月星座での下弦の月（新月に向かう半月）
・自分の月星座と調和する（120度）星座での下弦の月

自分の月星座	調和する下弦の月
♈ 牡羊座	獅子座・射手座
♉ 牡牛座	乙女座・山羊座
♊ 双子座	天秤座・水瓶座
♋ 蟹座	蠍座・魚座
♌ 獅子座	牡羊座・射手座
♍ 乙女座	牡牛座・山羊座
♎ 天秤座	双子座・水瓶座
♏ 蠍座	蟹座・魚座
♐ 射手座	牡羊座・獅子座
♑ 山羊座	牡牛座・乙女座
♒ 水瓶座	双子座・天秤座
♓ 魚座	蟹座・蠍座

◎月のパワーの影響で心がざわついて落ち着かないとき

・自分の月星座でボイドタイムが起きているとき
・自分の月星座と進行中の月星座が緊張関係（90度）になるとき

自分の月星座	90度の月
♈ 牡羊座	蟹座・山羊座
♉ 牡牛座	獅子座・水瓶座
♊ 双子座	乙女座・魚座
♋ 蟹座	牡羊座・天秤座
♌ 獅子座	牡牛座・蠍座
♍ 乙女座	双子座・射手座
♎ 天秤座	蟹座・山羊座
♏ 蠍座	獅子座・水瓶座
♐ 射手座	乙女座・魚座
♑ 山羊座	牡羊座・天秤座
♒ 水瓶座	牡牛座・蠍座
♓ 魚座	双子座・射手座

第7のリズム　気の流れに乗る

西洋と東洋の占星学の違い

西洋の占星学は、実際の天体の配置（実星）をみて、どう読み解くかということを占術として、コンピュータの発達とともに拡がりました。それに対して、東洋の占星学は大自然の法則を仮想の星（虚星）にたとえて占術としています。

東洋の占星学には哲学的な奥義《おうぎ》として、「易《えき》に通ずる者は占わず」という言葉がありますが、これは、占う必要がないという見識になって初めて易を扱えるといった意味です。

その「易」が基本となって、東洋の占星学は口伝《くでん》として、たとえれば占術を戦術として活用するなど、その使い道に応じ、特化しています。

二十四節気を知る

私たちの日常は、太陽暦の一つであるグレゴリオ暦を用いて、1年は1月1日から始まって、12月31日で終わる生活をしています。

その太陽の運行をもとにした黄道上を24等分に区分した季節を知らせてくれるポイントが「二十四節気《にじゅうしせっき》」です。

「二十四節気」は、太陰暦による季節のズレを修正し、春夏秋冬の4等区分にするために考えられた知恵です。自然のリズムを取れ入れることで、日々の暮らしに活用してきました。

「二十四節気」は、12の「節気」と、12の「中気」を合わせたものをいいます。

「節気」と「中気」は次の通りです。

□節気

「立春《りっしゅん》」――2月4日頃
「啓蟄《けいちつ》」――3月5日頃
「清明《せいめい》」――4月5日頃
「立夏《りっか》」――5月5日頃
「芒種《ぼうしゅ》」――6月6日頃
「小暑《しょうしょ》」――7月6日頃
「立秋《りっしゅう》」――8月7日頃
「白露《はくろ》」――9月8日頃
「寒露《かんろ》」――10月8日頃
「立冬《りっとう》」――11月7日頃
「大雪《たいせつ》」――12月7日頃
「小寒《しょうかん》」――1月5日頃

□中気

「雨水《うすい》」――2月18日頃（魚座に入る）
「春分《しゅんぶん》」――3月21日頃（牡羊座に入る）
「穀雨《こくう》」――4月20日頃（牡牛座に入る）
「小満《しょうまん》」――5月21日頃（双子座に入る）
「夏至《げし》」――6月21日頃（蟹座に入る）
「大暑《たいしょ》」――7月23日頃（獅子座に入る）
「処暑《しょしょ》」――8月23日頃（乙女座に入る）
「秋分《しゅうぶん》」――9月23日頃（天秤座に入る）
「霜降《そうこう》」――10月23日頃（蠍座に入る）
「小雪《しょうせつ》」――11月22日頃（射手座に入る）
「冬至《とうじ》」――12月22日頃（山羊座に入る）
「大寒《たいかん》」――1月20日頃（水瓶座に入る）

東洋占星学での月の始まりは12の節気で切り替わり、西洋占星学は中気で次の星座の月へと切り替わります。

暦の上では春ですが、実際にはまだまだ冬の気配が残る「立春」は、東洋占星学での一年の始まり、西洋占星学のスタートは、誰もが春の訪れを実感できるときである「春分」としています。

二十四節気は、東洋と西洋の占星学の切り替えを知る先人の知恵といえるのです。

西洋占星学の研究家は、春分の日のホロスコープ（春分図）を作成して、その年がどういった年かを予測していて、私も、春分図と秋分図は、その年の星の情報を発信する一つの指針として活用しています。

そこで、節気の「立春」「立夏」「立秋」「立冬」は、一年間にある四季の始動ポイントであり、中気の「春分」「夏至」「秋分」「冬至」は、地球上の「気（エネルギー）」の切り替えポイントだといえるでしょう。

季節を取り込む

日本という国が、月暦《つきれき》（太陰暦）を廃止して、いまの太陽暦を採用したのは明治のときです。文明開化と同時に、自然のリズム（星を視て解く占いなど）は迷信として扱われるようになってしまったのです。徳川３００年の歴史が幕を閉じ、新たなる世の中へと向かう流れの中で、それまであたりまえに根づいていた歳時《さいじ》（祭事）が失われました。

それでも、６月の夏至を過ぎれば、お中元シーズンに入り、８月の立秋を過ぎれば、「暑中見舞い」から「残暑見舞い」に変わります。

「まだまだ猛暑は続きますが、今日は立秋。暦のうえでは秋になりました」というのも、恒例の挨拶言葉といってもいいでしょう。

「冬至」は、一年でもっとも昼が短く夜が長くなる日で、この日から日脚が延び、その真逆となる「夏至」は、一年でもっとも昼が長く夜が短くなる日です。「春分」と「秋分」は、昼夜が等しくなる日となります。

また、多くの日本人は、12月31日を年の暮れの大晦日として、煩悩《ぼんのう》の数だといわれている一〇八つの除夜の鐘を聞きます。

翌日の1月1日を元旦として、日の出を拝《おが》み、「明けましておめでとう」と神社に初詣《はつもうで》に行き、新しい年を迎えます。

こうした慣習は、自然信仰が根底にあり、八百万《やおよろず》の神を大切にしている私たちはとても中庸《ちゅうよう》な人間性を培《つちか》われています。

生活の流れの中で、二十四節気（「気」の切り替え）を知り、それを取り込むことで、自分自身の季節を知り、心とからだにメリハリをつけることができます。

太陽と月、そして地球は、宇宙（星）の一つ。地球に生息している私たちは、その存在そのままに、宇宙（星）の一部として呼応する。節気は、それを感じるポイントなのです。

雑節で区切りをつける

「雑節《ざっせつ》」は日本独自の暦で、二十四節気を補助するためにつくられたものです。雑節には、「節分《せつぶん》」「彼岸《ひがん》」「社日《しゃにち》」「八十八夜《はちじゅうはちや》」「入梅《にゅうばい》」「半夏生《はんげしょう》」「土用《どよう》」「二百十日《にひゃくとおか》」「二百二十日《にひゃくはつか》」「初午《はつうま》」「三元《さんげん》（上元《じょうげん》・中元《ちゅうげん》・下元《かげん》）」「盂蘭盆《うらぼん》」「大祓《おおはらえ》」があります。

その中で、私が大切だと感じている区切りを紹介します。

❖——節分

「立春」の前日の2月の節分は、「福は内、鬼は外」と福豆（炒《い》り大豆《だいず》）をまいて、年の数だけ豆を食べる厄除《やくよ》けの日として知られています。イワシの頭を刺した柊《ひいらぎ》などで邪気除《じゃきよ》けを行うこともありますね。

ところで、節分は、2月だけでなく、その日を含めて年に4回あることを知っている人は少ないのではないでしょうか。

一年間の春夏秋冬で、次の月の季節が始まる「立春」「立夏」「立秋」「立冬」の前日を区切りとする、春の節分・夏の節分・秋の節分・冬の節分が、それに当たります。

❖——彼岸

「お彼岸にはお墓参りに行く」というのは、私たち日本人の習慣として、実践している人も多いはずです。

毎年の春分と秋分を「中日」とし、前後3日間を合わせた7日間（1年で計14日）の初日を「彼岸の入り」、最後の日を「彼岸の明け」といい、先祖に感謝する期間となります。

❖——社日

生まれた土地の守護神（産土神《うぶすながみ》）、または、住んでいる土地の守護神（氏神《うじがみ》、鎮守《ちんじゅ》）に、春分と秋分にもっとも近い「戊《つちのえ》」の日に（春には五穀《ごこく》の種を供《そな》えて豊作を祈願し、秋には、その年の収穫に感謝する）お祀《まつ》りします。

❖——盂蘭盆と中元

盂蘭盆は「お盆」と略され、7月13日から15日、地方によっては月遅れの8月13日から16日に、お墓参りや迎え火・送り火など、祖先をお祀りする一連の行事を行います。

また、旧暦の7月15日は「お中元」として、お世話になっている人に贈り物をする日として活用していますが、もともとは道教《どうきょう》の行事で、「三元（上元・中元・下元）」の中の「中元」の日でした。

土用の期間

前の項であげた以外で、大切な雑節が「土用」です。

土用といえば「うなぎを食べる日」と、まるでうなぎ屋さんのキャッチコピーみたいに扱われていますが、昔の人は「土用の時期は死亡率が高い」といって恐れ、土用の期間には滋養強壮《じようきようそう》を心がけていました。

それは迷信でもなく、科学で立証されていなくとも、先人の知恵として活用できる中国から伝わった「陰陽五行」の基礎知識なのです。

その影響を受けて、日本が戦国時代から解放された江戸時代に、日本独自の風土文化に適応して研究されてきたのが、「九星気学」です。

九星気学は、自然界を八象に分け、それを「八方位」として「定位盤《じようい ばん》（後天定位盤）」を定めて広範囲な活用の基盤としています。

それは「易」の八卦《はっけ》（八象）が土台となって、「乾《けん》」は天、「坤《こん》」は地、「坎《かん》」は水、「離《り》」は火、「艮《ごん》」は山、「兌《だ》」は澤、「震《しん》」は雷、「巽《そん》」は風として、「自然界の大気に順応した生活をしよう」といった意味もあります。

「陰なき陽はなく、陽なき陰はない」――この世にある万物は、すべて「陰」と「陽」のエネルギーによって成り立っています。

東洋占星学での「星」を用いる原点となる「易」という陰陽観は、「易に対極あり、是両義を生ず、両義四象を生じ、四象八卦を生ず（易経《えききょう》・繋辞伝《けいじでん》より）」と説いていて、易経は八卦を基礎として64種類の卦（六十四卦）から成り立っています。

ここでは六十四卦の話は省きますが、陰と陽の対極の関係は、８つの月のかたちにもあてはまります。

満月である「情熱月」と新月である「清香月」を、陰陽の極まりとするならば、対極の関係は次頁の図のようになります。月のかたちによる感情の起伏は、陰と陽どちらも合わせ持っているといえるのです。

◎月のかたちと八象

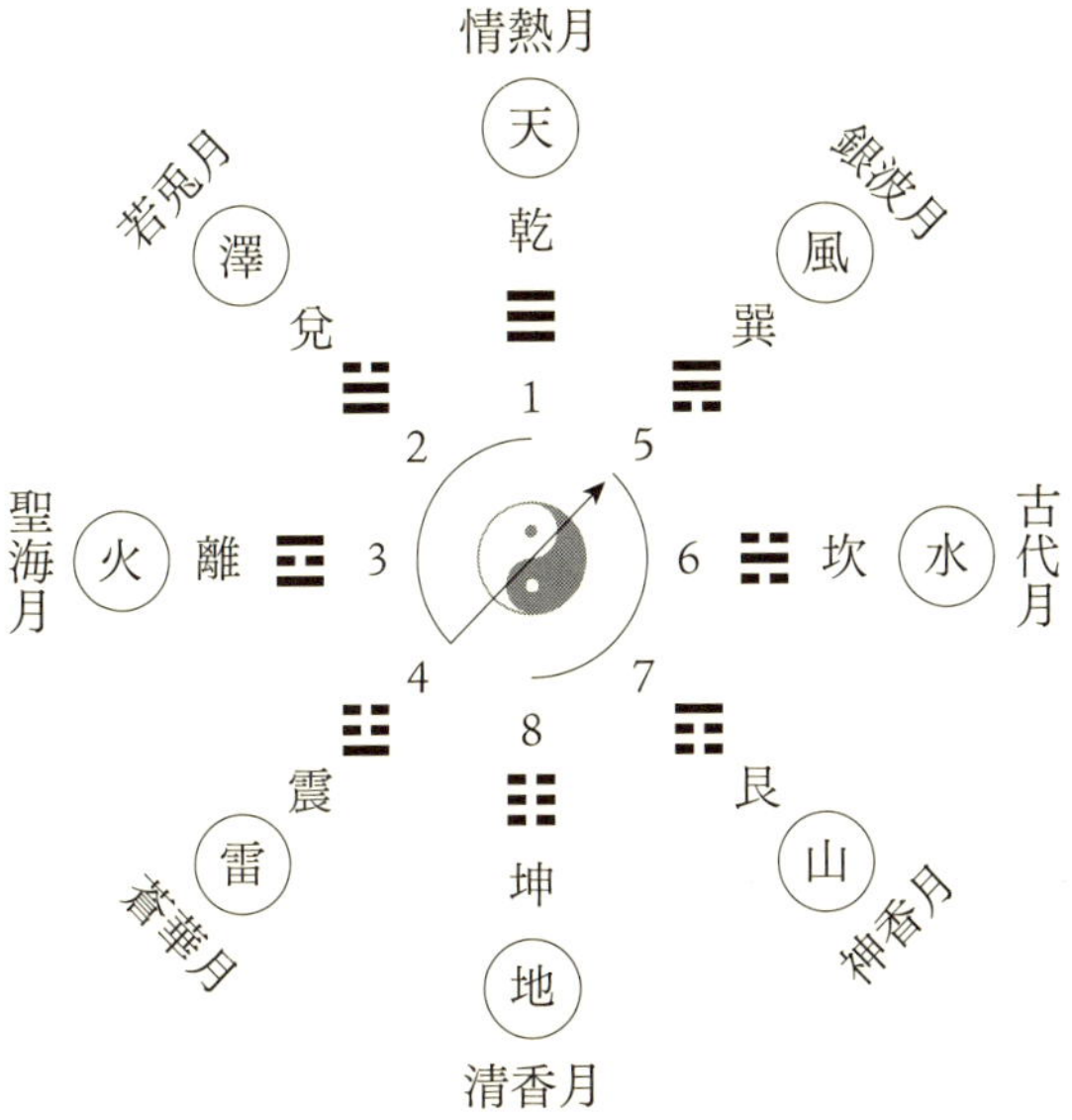

乾	兌	離	震	巽	坎	艮	坤
☰	☱	☲	☳	☴	☵	☶	☷
天	澤	火	雷	風	水	山	地
情熱月	若兎月	聖海月	蒼華月	銀波月	古代月	神香月	清香月

〈対極の関係〉

天⟷地
澤⟷山
火⟷水
雷⟷風

動く変化は「八方位（後天定位）」でみるのが九星気学の基本ですが、八卦を見たまま動かない天地自然の姿かたちそのままとする先天定位は、地球の基軸として反転動地しています。地球から見た天と地のままを配置しているので、それは月のかたちと見事に一致します。

また、月のサイクルとして「8つの月のかたち」を、陰の極まりである「冬至」を清香月、陽の極まりである「夏至」を情熱月として、聖海月は「春分」に、古代月は「秋分」に、若兎月は冬の「土用」として、蒼華月は春の「土用」として、銀波月は夏の「土用」として、神香月は秋の「土用」として、「八季（8つの季節）」と見立てることもできます。

春・夏・秋・冬のあいだに、それぞれ土用の期間（各17〜19日間）を入れて、全部で「八象」とし、宇宙の「定位」としています。

「土用」は、四季の狭間にある大気変化のときを示していて、「春」「夏」「秋」「冬」のそれぞれにあります。そして、それは、次の季節に向かうための、心とからだの調整期間になっているのです。

◎月のかたちと八季

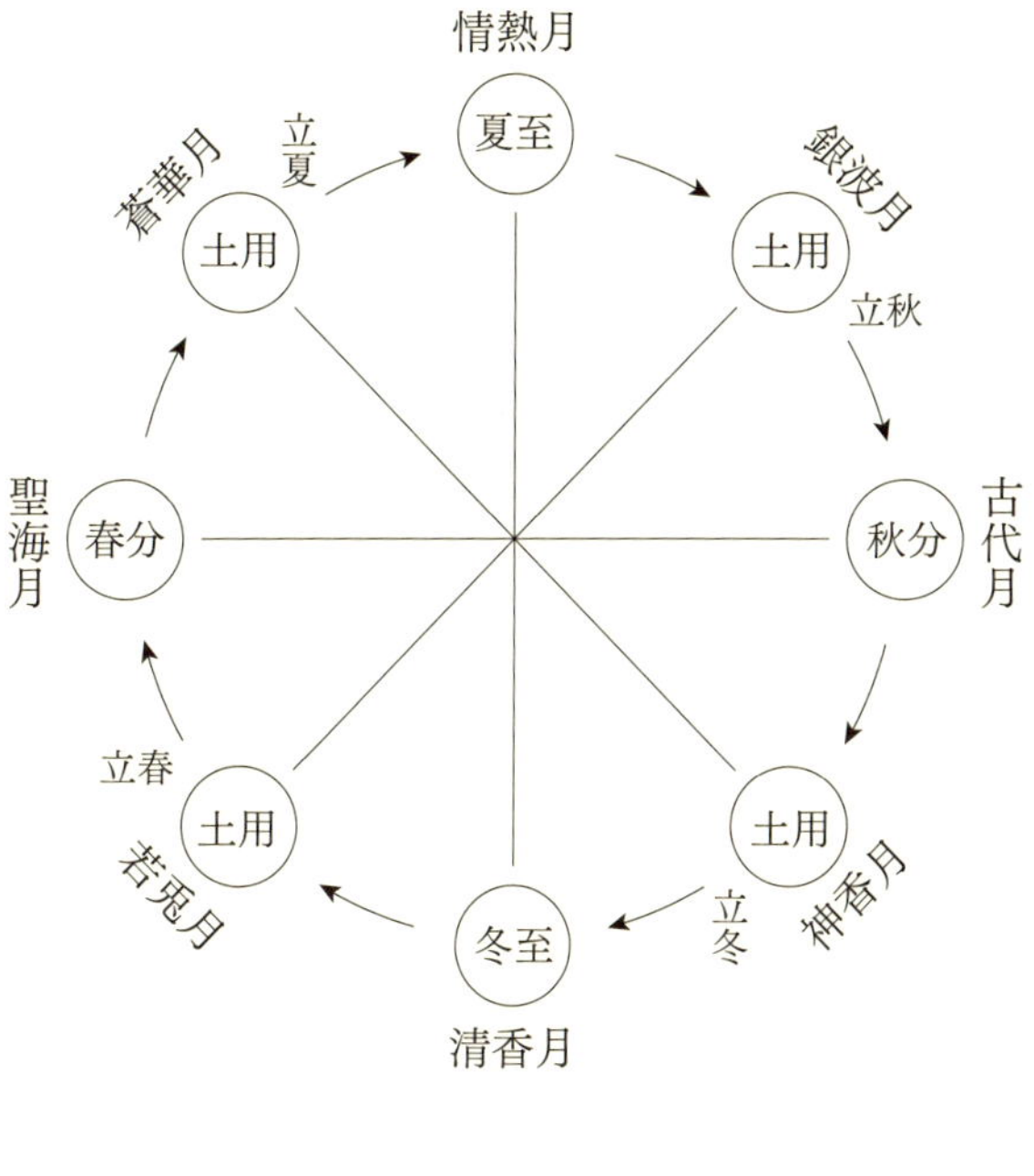

＊土用の入りは立春、立夏、立秋、立冬の半月前！

夏の土用の丑《うし》の日だけが「うなぎを食べる日」として有名ですが、夏に限らず、この「土用」に「うなぎを食べる」というのは理にかなっています。

冬の土用は春に向けて、春の土用は夏に向けて、夏の土用は秋に向けて、秋の土用は冬に向けて、私たちは、それぞれの体質に適応した抵抗力をつけ、免疫《めんえき》力をアップさせるために、心のバランスや体調を整え、己《おのれ》を管理することを心がけましょう。

一年は365日ですが、月のサイクルでは約28日間で一年間の季節が過ぎていると考えることができるのです。平等に訪れている一年という歳月には、月が1サイクルするごとに十人十色《じゅうにんといろ》のプロセスがあって、私たちの心は成長しているといえるのです。

第8のリズム 月とライフロジック

12年でめぐる人生の季節

この本では、「月の満ち欠け」やそのサイクル、星座や惑星の意味や動きといった「星の情報」とその活用の仕方についてお話ししてきたわけですが、それらを総称して、私は「ライフロジック」と呼んでいます。

「ライフロジック」とは、わかりやすく表現するなら「人生の知恵」。それは、日々の暮らしに役立つものです。もともと私は東洋占星学と西洋占星学の両方を学び、その中で「人生には一つの流れ（サイクル）がある」と気づきました。

それは「9年間に行ってきたことが、その後の3年間に『収穫』になる」というもので、つまり9年＋3年の合計12年間が一つの流れ（サイクル）になるわけです。

その理論自体は、占星学に基づいたものでしたが、経営コンサルタントの神田昌典さんとの出会いによって、経営学の世界にも「成長カーブ」という12年間の流れがあることを知りました。

占星学と経営学という、一見異質にも思える理論。この二つが結びつくことで、これまでにはなかった人生のサイクル論である「春夏秋冬理論」が誕生したのです。「春夏秋冬理論」は、占星学というカテゴリーを超えた新しい人生論であり、いまでは私自身の「ライフロジック」の核ともいえる存在になっています。

春夏秋冬理論は、冬から始まり、春、夏、そして秋までを1サイクルとして、各季節を3年ごとに区切りました。

簡単にまとめると、次のようになります。

❖――春夏秋冬理論の1サイクル

□冬1年め……新しいスタート。前年までの3年間に起きたことを検証する。
□冬2年め……自分の立ち位置を整える。
□冬3年め……真の問題と闘うこと。

□春1年め……整えた土壌《どじょう》に、手を抜かず、水や肥料を与える。
□春2年め……自己探求して、決意のもと、さらに進んでいく。
□春3年め……破壊と創造、次のために潔く手放す。
□夏1年め……チャレンジのために一つになる。
□夏2年め……自分の限界に挑む。
□夏3年め……自分の気持ちにフタをせず、勇気をもって解決する。
□秋1年め……自分を信じ、大きな流れを信じる。
□秋2年め……やりたいことを、片っ端からやってみる。
□秋3年め……一喜一憂せず、すべては収穫と楽しむ。

月に満ち欠けのサイクルがあるように、私たちの人生にも「春夏秋冬」のサイクルがあります。それは実際の季節とは違い、人それぞれに「人生の季節」がめぐっているということ。さらに「春夏秋冬」のサイクルと月のリズムを合わせてみることで、より自分自身への理解が深まっていくでしょう。

春夏秋冬理論について

前で説明したように、人生は12年でめぐる季節のリズム（春夏秋冬3年ごとのサイクル）がある――それを「春夏秋冬理論」といいます。

実際の季節が、いまは夏であっても、自分の生きている人生の季節が、夏であるとは限りません。

自分がいま、どの季節にいるのかは、シーズンズのホームページにある「春夏秋冬理論・季節判定」のページから、無料で調べることができます（http://www.seasons-net.jp/）。

月相にいい悪いがなかったように、春夏秋冬理論の季節もまた、冬だからよい、夏だから悪いといったことはありません。

約28日で月が新月となるときは、「終わり」と同時に「始まり」のときを告《つ》げているように、人生の季節では、冬がこれまでの12年間の到達点でもあって、それはそのまま、これからの12年間への始動の時期となります。

春夏秋冬理論では、自分が生まれた季節も重要です。これも、実際に生まれたときの季節ではなく、8月生まれでも、「冬生まれ」のこともあれば、「春生まれ」のこともあります。これについても、シーズンズのホームページにある「季節判定」のページから、判定することができます。

自分がいま、どの季節にいるのかを知ると、それぞれの季節ごとの変化を見ることができます。9年間の総決算ともいうべき、次の3年間の秋期には、さまざまな収穫があるでしょう。また、「自分が生まれた季節」と、「いまの季節」が重なるときには、自分だけにしかわからない流れの切り替えが起きていたりもします。ときには、変化を望んでいなくても、そうせざるを得ない方向へと導かれることもあるかもしれません。

たとえば、人間関係において、互いの成長プロセスに応じた流れによっては、幸せの価値観の違いから、最善を尽くしても、わかり合えないということもあります。

春夏秋冬理論で、自分の季節のリズムをセルフチェックすることによって、そうした問題が、自分の言動や態度から生じていることに気がつくこともあるでしょう。

ところで「占い」は、占ってもらう限り「当たった」「当たらない」といったことだけが焦点となって、自分事なのに他人事のようになってしまいます。

なぜなら、その答えは簡単で、「当たる」も「当たらない」も、それを「行う」のは自分自身でしかないからです。

占いがどんなふうであろうと、それがよいことであっても悪いことであっても、それを知って他力とせずに、自力で日常へと活かすことにより、その「占い」を自分だけに向けた、先人の知恵と情報のツールとして役立てることができるのです。

「ピンチはチャンスであると知る」

「失敗は恩恵だったと気づく」

「自分の中で消去したいと思っていた過去の出来事が、いまの自分へとつながっている輝かしい宝であったと感じることができる」

あなたの日々の行いを、ありのままに検証することができるというのは、「すべてのことは自分がまいた種の結果であり、成果でもある」ということを自分で知り、それは、自身の力を承認できるということです。

「自分で自分の流れを知って自身で活かす」――それが、「春夏秋冬理論」です。春夏秋冬理論を活用するというのは、自分のこれまでの人生を自らで振り返ることです。それをセルフチェックしてみることで、自分だからこそ、自分にしかわからない気づきが生じるのです。

また環境や気持ちの「変化」にも気がついて、心新たに、そのことに取り組んでいくことができるわけです。

季節のリズム

12年の季節のリズムは、そのまま1年間の12ヵ月ある季節のリズムにあてはめることができます。

それは螺旋《らせん》状に展開していくのですが、上昇するか下降するか、同じところをぐるぐると繰り返し、まわりつづけているのか。1年12ヵ月の季節を、どう過ごしたか。それが毎年の積み重ねとなって、人それぞれに、人生の差ができてくるわけです。

12年の季節のリズムの区切りは、毎年「節分」で切り替わり、「立春」から次の季節がスタートします。

その1年間の中にも、12ヵ月を3ヵ月ごとに区切った季節のリズムがあります。

12ヵ月サイクルの季節の区切りは、年の切り替えである節分同様に、1年間の二十四節気の中の12の節気が、次の季節のスタート地点となります。

12月の冬至の日から2月の節分までは、その年と翌年との気（エネルギー）の狭間にあって、翌日の立春から真なる新しい年が始まります。

6月の夏至は、その年の中間点となり、その夏至から8月の立秋までは今年の前半の気と後半の気との狭間にあるときなのです。

その1年間の気（エネルギー）の流れの中で、人それぞれにさまざまな季節がめぐっています。

あなた自身の年間の季節に、毎月の季節をのせて、「冬至」から2月の「節分」に向けて、これまでの1年間を振り返って反省と承認をする。

そして、「立春」から新しい季節を感じて「春分」で前半戦の動機や目的の軌道修正をして「夏至」に向かって進む。

「夏至」には、前半の流れのすべてを振り返って、反省と承認をして、「秋分」に向かう。そして「秋分」に、その年の軌道修正と、後半戦への動機や目的を再確認して、その年の回答への到達点である「冬至」へと悔いなく臨む。

1年のカレンダーは、このように見ていくとよいでしょう。

私たちの多くは、現在、1月から始まるカレンダーを使っています。

それをやめなさいといっているのではありません。

与えられている、いまのあなたの生活の中で、あなたなりに、自分自身の「年の季節」と「毎月の季節」が、いつ、どこで切り替わるかを知って、感じて、セルフチェックしてみましょう。

冬から始まり、秋に収穫するまで

あなたの冬の1ヵ月めを、自身の1年間への始まりとして、冬期《ふゆき》・春期《はるき》・夏期《なつき》の9ヵ月を「どう過ごしたか」が、秋期《あきき》3ヵ月間の「収穫」へとつながります。

冬期は「解放」。秋期に起きたことを検証し、気持ちを解き放ち、新たなる始まりのときです。

□冬の1ヵ月め

自分自身の1年が始まるときであり、ここから自分自身の1年を創《はじ》める月です。

これまでの1年間を振り返り、検証し、やり残したことや新たにやりたいことなど方向性を決めるとき。

□冬の2ヵ月め

試行錯誤《しこうさくご》をしながらも、自分自身に確認して1年の土壌となる基礎や基盤づくりに邁進するとき。

□冬の3ヵ月め

来月から来る春の月に備え、基礎や基盤づくりの最終章として、現在の課題から逃げることなく真正面から向き合い取り組むとき。

春期は「感知」。冬期を経《へ》て、外に向かって人と関わって、感じて、知って、行動するときです。

□春の1ヵ月め

冬の3ヵ月間で定着した活動や関係をしっかりと育《はぐく》み、伸ばすように外に向かって働きかけをするとき。

□春の2ヵ月め

たとえれば出産のように、自身の喜びのために「頭に汗をかいて」創造するといった、生みの苦しみを味わうべきとき。

□春の3ヵ月め

夏期に向かって、ここまでの自分自身の枠組みを、思い切って打破《だは》する自己突《とっ》破《ぱ》のとき。

□夏の1ヵ月め

夏期は「反応」。これまで起きた変化の価値を見極め、挑み臨んでいくときです。

□夏の2ヵ月め

1年間の中でいちばんエネルギーの強いときを迎え、いまを楽しみ、ここでチャレンジをするとき。

□夏の3ヵ月め

ここで「乗れていない」と感じるのであれば、新たなる試みや軌道修正をするとき。

秋期月を目前に控えた準備として、心配要素など気がかりなことすべてをオールクリアな状態にしておくとき。

秋期は「確認」。意図せず策せず、ありのままを「確かにそうである」と認めるときです。

□秋の1ヵ月め

ここから3ヵ月間は流れを大切にしたいとき。起きる現象を幸不幸で捉えるのではなく、すべてはいまのタイミングで知っておくべき収穫であると受け入れるとき。

□秋の2ヵ月め

目の前で起きている現象を見過ごさないで、すべては自分に必要な合図であると受けとめ、そこで気がついたことは試してみる。自分でも驚く発見があるかもしれないとき。

□秋の3ヵ月め

この3ヵ月間の流れを丁寧に検証して、翌月から始まる次の12ヵ月への心の備えとして、気持ちの中で段取りや計画などを描いておくとき。

生まれた季節と、その月のかたち

春夏秋冬理論から、あなたの生まれた季節を割り出すことができます。この季節は、あなたが生まれたときの実際の季節とは異なることがあります。シーズンズのホームページで判定できますが、8月生まれでも「冬生まれ」の人もいれば、2月生まれでも「夏生まれ」「秋生まれ」ということがあるわけです。

その、実際とは違うかもしれない生まれたときの季節が、「四季の歌」（作詞作曲　荒木とよひさ）そのままに、あなたの性分のベースとなります。

月も、春夏秋冬それぞれの季節によって見え方や感じ方が違うので、自分の生まれた季節の中での月のかたちによる気持ちのあり方を、プラスアルファの情報として活用してください。

冬生まれのあなた

「冬を愛する人は心広き人、根雪を溶かす大地のような僕の母親」

「冬生まれ」とは、自分を信じる強い意志のもと、責任感の強い愛と勇気によって自己と他者との資源を引き出し、組織をつくり、権威あるエネルギーでもって支配する力があります。その指導力とバイタリティーにおいて、周囲を巻き込み、信頼し、力を結集させ、最高を探求するのが使命といってもいいかもしれません。人生の目的を遂行する統治者であって、楽観的展開型。

冬の月は、凛とした澄んだ空気の中に現れます。同じ冬生まれでも、生まれた日の月のかたちによって、少しずつ違います。

冬生まれの、あなたの月のかたちは？

□冬生まれの清香月
冬生まれ特有の誇り高さに、気持ちのうえで拍車がかかります。情熱的なビジョンのもと、迷いなく猪突《ちょとつ》で、それでいて、あっけらかんとしています。

□冬生まれの若兎月
冬生まれと若兎月との特有の無邪気さに、気持ちのうえで拍車がかかります。ストレートに機微を明確に示すことから、好き嫌いがはっきりしています。

□冬生まれの聖海月
冬生まれ特有のおおらかさに、気持ちのうえで拍車がかかります。人を惹《ひ》きつけ、心意気を大事にすることから細かいことにはこだわりません。

□冬生まれの蒼華月
冬生まれ特有の開拓精神に、気持ちのうえで拍車がかかります。自分の意思や意図を明確にもっていることから、周囲を巻き込みながら進んでいきます。

□冬生まれの情熱月
　冬生まれ特有の楽観性に、気持ちのうえで拍車がかかります。たとえ壁にぶつかっても深刻にならず、潔く次に行けます。
□冬生まれの銀波月
　冬生まれ特有の積極性に、気持ちのうえで拍車がかかります。自発的で旺盛な欲望を持ち、常に目的に向かって自己を燃焼させていきます。
□冬生まれの古代月
　冬生まれ特有の豪快さに、気持ちのうえで拍車がかかります。面倒見のいい親分肌から、快活で、陽気に人生を楽しんでいるといえます。
□冬生まれの神香月
　冬生まれ特有の直感重視の強い信念に、気持ちのうえで拍車がかかります。自己責任能力が高く、自分を信じる力が強いといえます。

春生まれのあなた

「春を愛する人は心清き人、スミレの花のような僕の友達」

「春生まれ」とは、内なるパワーのもと、洞察力が鋭く、物事を理解して、本質を見抜く力があります。知識と理論を用いて真理を明らかにし、共感した人々へ、そのメッセージを伝え運ぶのが使命といってもいいかもしれません。

未来のために率先して破壊し、次なるプランを立て、夢を想像し、創造する人生の魔術師であって、理性的目標設定型です。

春の月は、うららかな春霞《はるがすみ》の夜空の中に現れます。同じ春生まれでも、生まれた日の月のかたちによって、少しずつ違います。

春生まれの、あなたの月のかたちは？

□春生まれの清香月
　春生まれ特有の多芸多才さに、気持ちのうえで拍車がかかります。頭脳プレイで行動する、クールな戦略家といえます。
□春生まれの若兎月
　春生まれ特有の理想主義の気質に、気持ちのうえで拍車がかかります。物事を順序だてて、すっきりと進めていけるといえます。
□春生まれの聖海月
　春生まれ特有の柔軟性に、気持ちのうえで拍車がかかります。思想的で創造性に長け、風のように瞬時に気がまわるといえます。
□春生まれの蒼華月
　春生まれ特有のバランス感覚に、気持ちのうえで拍車がかかります。段取り力も高く、器用で多彩といえます。

□春生まれの情熱月

春生まれ特有の知的好奇心に、気持ちのうえで拍車がかかります。コミュニケーション能力が高く、説明するのも得意といえます。

□春生まれの銀波月

春生まれ特有の実務能力に、気持ちのうえで拍車がかかります。何事もスマートにこなし、さわやかに結果を出したり、まとめたりできるといえます。

□春生まれの古代月

春生まれ特有の旺盛な知識欲に、気持ちのうえで拍車がかかります。理性的で美意識が強く、淡白で物事に執着しないといえます。

□春生まれの神香月

春生まれ特有の冷静さに、気持ちのうえで拍車がかかります。快活で機転が利き、あらゆる偏見から自由であるといえます。

夏生まれのあなた

「夏を愛する人は心強き人、岩を砕《くだ》く波のような僕の父親」

「夏生まれ」とは、天の啓示と純粋なる愛のもと、制約と規律を守り、勇気をもって、己に戦いを挑んでいく力があります。目の前にあるあらゆる障害を克服しようと技能を磨き、自己鍛錬に情熱を注ぐのが使命といってもいいかもしれません。その体験に基づいた真実の知恵により、人生を確かに導く賢者であって、現実的目標設定型の典型です。

夏の月は、夏霧の熱帯夜の中に現れます。同じ夏生まれでも、生まれた日の月のかたちによって、少しずつ違います。

夏生まれの、あなたの月のかたちは？

□夏生まれの清香月
夏生まれ特有の堅実さに、気持ちのうえで拍車がかかります。目標を定め、着実にきっちりと進めていける人です。

□夏生まれの若兎月
夏生まれ特有の分析力に、気持ちのうえで拍車がかかります。現実感覚に優れ、コツコツとかたちにしていくことが得意です。

□夏生まれの聖海月
夏生まれ特有の粘り強さに、気持ちのうえで拍車がかかります。実利的な能力も高く、怠《なま》けることに対して自分でなかなかOKを出しません。

□夏生まれの蒼華月
夏生まれ特有の研究熱心さに、気持ちのうえで拍車がかかります。建設的で、モノの価値を見抜く賢明さを持っています。

□夏生まれの情熱月
夏生まれ特有の現実性に、気持ちのうえで拍車がかかります。タフネスな不断の努力によって、目的に到達します。
□夏生まれの銀波月
夏生まれ特有の持続力に、気持ちのうえで拍車がかかります。たとえ夢破れてもへこたれず、それを糧《かて》とする優れた回復力があります。
□夏生まれの古代月
夏生まれ特有の真面目さに、気持ちのうえで拍車がかかります。ネバーギブアップの精神で、戦いに挑むファイターです。
□夏生まれの神香月
夏生まれ特有の安定感に、気持ちのうえで拍車がかかります。しっかりとしていて責任感も強く、何事に対してもフェアに向き合います。

秋生まれのあなた

「秋を愛する人は心深き人、愛を語るハイネのような僕の恋人」

「秋生まれ」とは、無限大なる可能性と叡智《えいち》のもと、自己を解き放ち、寛大で霊的な創造をする、あるがままに自由な、知恵ある愚者といえる力があります。

周囲に思いやりを振りまきながら、ただ独り何ものにもとらわれず、真実の楽しさを求める使命を果たすため、人生を旅する癒やし人であって、反応的展開型です。

秋の月は、天高く突き抜けるような夜空の中に現れます。同じ秋生まれでも、生まれた日の月のかたちによって、少しずつ違います。

秋生まれの、あなたの月のかたちは？

□秋生まれの清香月
秋生まれ特有の創造性の豊かさに、気持ちのうえで拍車がかかります。何事も感覚的に捉え、優しく物静かといえます。

□秋生まれの若兎月
秋生まれ特有の独特な感性に、気持ちのうえで拍車がかかります。敏感で繊細ながら、いったん興味が湧けば、とことん深く掘り下げていきます。

□秋生まれの聖海月
秋生まれ特有の情緒的な気質に、気持ちのうえで拍車がかかります。争いを好まず、自分の美学に忠実に自由であるといえます。

□秋生まれの蒼華月
秋生まれ特有の芸術性に、気持ちのうえで拍車がかかります。独自の価値観、ワールドがあるので、興味が湧かないとヤル気が起きません。

□秋生まれの情熱月
秋生まれ特有の意志堅固《いしけんご》な部分に、気持ちのうえで拍車がかかります。自分にとって気持ちいいことや、自分のスタイルが明確であるといえます。
□秋生まれの銀波月
秋生まれ特有の旺盛な探究心に、気持ちのうえで拍車がかかります。物事を感じとる能力や反応する力が強いといえます。
□秋生まれの古代月
秋生まれ特有の調和的な気質に、気持ちのうえで拍車がかかります。豊かな表現力から、いるだけで潤滑油《じゅんかつゆ》的な存在になるといえます。
□秋生まれの神香月
秋生まれ特有の感覚の鋭さに、気持ちのうえで拍車がかかります。固体、液体、気体と、かたちを変える水のように変化に富み、融通が利くといえます。

おわりに

月に問いかけて

気がついたときから、なぜだか他人の気持ちが解《わか》る子で、親からも不思議がられていました。

なぜ、どうして、そう感じられるのか。

その「気」持ちは、どこから来るのか。

心の中で、そんな疑問が生じるたびに、夜空を見上げれば、そこにはあたりまえのように月がいて、いつも問いかけていました。

大人になってからも、その時々の月に向かっては自問自答して、いつのまにか「気」持ちは満たされて、生きる活力が湧いてくるようです。

東洋哲学の一つに、「宇宙、自然は、常に進化して止まず、人間も宇宙、自然の一部分であるから、その本質は絶えず進化しなければならず、停滞は許されず、生ける限り化《か》していく」という言葉があります。

ここにある「化」とは、もって生まれた宿命を自分自身で「立命」へと導いていく命の運びを説いています。

いまは便利な時代になって、誰とでも即座につながり、どこへでも行けて、あらゆる事柄を簡単に調べることができ、どんな季節であっても、欲しいものが手に入ります。

だけど、どんなに時間が加速しているかのように思えても、地球から見える太陽は東から昇り、西へと沈み、月の満ち欠けといった森羅万象、自然の摂理の中で生活していることに変わりはありません。

価値観が多様化している時代に生きているからこそ、何ものにも翻弄されない、しなやかな軸を持つ。

あなたの運命は、あなたが決める。

そこで「あったらいいな」と、月の「ムーン」と「夢が來たる」の私の名とをかけて月の満ち欠けや星の動きや節気、自分の季節を印す春夏秋冬シールも入れた「來夢～んカレンダー」を作成して、いまでは恒例としています。

この本は、そのカレンダーを、より活用するためのガイドブックとして書きましたが、それを越えて、私と同じように、月を身近な存在として感じている方にとって、月についての基本がわかるとともに、それを活用していくのに役立つ情報を、ほとんど網羅することができたのではないかと思います。

いつも持ち歩いて、あなたのそばにあって、あなたの運命を輝かせる。太陽暦に月暦（太陰暦）を併せもち、そこに春夏秋冬理論の季節のリズムを乗せて、自分のあたりまえの日常を生きるうえで活かし、そのあたりまえに感謝して、月に問いかけて「生ける限り化して」いきたい。

この本が、あなたの毎日を照らす一助になれば幸いです。

來　夢

［著者プロフィール］

來夢《らいむ》

アストロロジャー＆スピリチュアリスト。
星活学協会会長。経営アストロロジー協会会長。
早稲田運命学研究会顧問。
マイナスエネルギーをいかにプラスに変えるかという
実用的な視点から占星学を活用。
OL、主婦からビジネスマン、成功経営者まで、
秘密の指南役として絶大な支持を得ている。
著書に『「運」の正体』（ワック）、
『らせんの法則で人生を成功に導く 春夏秋冬理論』
『運活力』（実業之日本社）、
共著に『誕生日大事典』（三笠書房）他多数。

シーズンズHP http://www.seasons-net.jp/
＊自分の生まれた日の「月のかたち」も判定できます

月のリズム　ポケット版

生まれた日の「月のかたち」で運命が変わる

2016年7月4日（新月）　第1刷発行

著者　來夢

発行者　櫻井秀勲

発行所　きずな出版

東京都新宿区白銀町1-13　〒162-0816

電話03-3260-0391

振替00160-2-633551

http://www.kizuna-pub.jp/

ブックデザイン　福田和雄（FUKUDA DESIGN）

編集協力　ウーマンウエーブ

印刷・製本　モリモト印刷

JASRAC 出 1605376-601

ISBN978-4-907072-64-3

きずな出版